BAŞARIYA GÖTÜREN AİLE

DOĞAN CÜCELOĞLU, İstanbul Üniversitesi psikoloji bölümünden mezun olduktan sonra ABD'de Illinois Üniversitesi'nde Bilişsel Psikoloji (algılama, düşünme, iletişim) alanında doktorasını yapmıştır.

Daha sonra Türkiye'de Hacettepe ve Boğaziçi üniversitelerinde görev yapan Cüceloğlu, Fulbright bursuyla bir yıl süreyle Berkeley'deki Kaliforniya Üniversitesi'nde ziyaretçi öğretim üyesi olarak çalışmalarda bulunmuştur.

1980-1996 yılları arasında ABD'de Fullerton şehrindeki Kaliforniya Eyalet Üniversitesi'nde görev yapan Cüceloğlu'nun, kırkı aşkın Türkçe ve İngilizce bilimsel makalesi yayınlanmıştır. 1996 yılından bu yana Türkiye'de üniversite öğrencilerine, öğretmenlere, anababalara ve işadamlarına yönelik seminerlere, konferanslara ve atölye çalışmalarına ağırlık vermiştir.

1990'dan bu yana kitaplarını Türkçe olarak yayınlamaya özen gösteren Cüceloğlu, Türk insanının düşünce, duygu ve davranışlarını bilimsel psikoloji kavramları içinde inceleyen kitaplar yazmaktadır.

YAZARIN TÜM KİTAPLARI

Başarıya Götüren Aile • Bir Kadın Bir Ses • Gerçek Özgürlük • İçimizdeki Biz • İçimizdeki Çocuk • İnsan İnsana • İnsan ve Davranış • İletişim Donanımları • Korku Kültürü • 'Mış Gibi' Yaşamlar • 'Mış Gibi' Yetişkinler • Onlar Benim Kahramanım • Savaşçı

www.dogancuceloglu.net

Doğan Cüceloğlu

Sınav Döneminde Anababalık

BAŞARIYA GÖTÜREN AİLE

RK

Remzi Kitabevi

BAŞARIYA GÖTÜREN AİLE / Doğan Cüceloğlu

Editör: Neclâ Feroğlu

Kapak: Ömer Erduran

Kapak görseli: 123RF/Igor Mojzes

ISBN 978-975-14-1107-5

BİRİNCİ BASIM: Mart 2006
ON YEDİNCİ BASIM: Şubat 2015

Kitabın bu basımı 10000 adet yapılmıştır.

Remzi Kitabevi A.Ş., Akmerkez E3-14, 34337 Etiler-İstanbul
Sertifika no: 10705
Tel (212) 282 2080 Faks (212) 282 2090
www.remzi.com.tr post@remzi.com.tr

Baskı ve cilt: Remzi Kitabevi A.Ş. basım tesisleri
100. Yıl Matbaacılar Sitesi, 196, Bağcılar-İstanbul
Sertifika no: 10648

İçindekiler

Teşekkür

Bu kitabın hem oluşum hem de yazım aşamasında birçok kişinin emeği geçti.

Oluşum aşamasında ilk aklıma gelen isim Şevket Ertem. Sınav döneminde anababalığın önemini kavramam ve bu konuda öğrencilere ve onların anababalarına konuşmam konusunda beni ikna eden odur. Kitabın oluşumu bu konuşmalarla başladı.

İbrahim Taşel, Türkiye'nin değişik kentlerinde öğrenci ve velilere yaptığım konuşmaları bıkmadan usanmadan ilgiyle izledi ve konuşmalarımın içeriğinin zenginleşmesine önemli katkılarda bulundu.

Öğrenci ve anababalara yaptığım konuşmalar süresince pek çok değerli yönetici ve öğretmenle tanıştım; hepsinin adını burada vermem olanaksız. Ancak yönetici olarak bu konuşmaları düzenleyen ve koordine eden kişilerin adını belirtmek istiyorum: Celal Bozok (Adana), Aziz Karataş (Ankara), Fatih Nacaroğlu (Aydın), İlyas Zengin ve Ömer Orakçı (Antalya), İsmail Şahan Çelik (Antakya), İhsan Özen ve Yasin Taşel (Bursa), Adnan Yılmaz (Çanakkale), Kadir Özyüksel (Çorlu ve Tekirdağ), Sadi Öztekin (Denizli), Sabri Turan (Elazığ), Sinan Koca ve Erol Aksu (Giresun), Celil Vardar (İstanbul Bakırköy), Serhat Kabaklı (İstanbul Beylikdüzü ve Silivri), Refik Koçak (İstanbul Kadıköy), Vesim Güneş (İstanbul Maltepe), Cem Bıçakçı (İstanbul Küçükçekmece), Osman Oğuz (İzmir), Mehmet Pergel (Karabük ve Safranbolu) Sabri Hacısüleymanoğlu (Kastamonu), Mehmet Karataş (Kayseri), Hasan Doğan (Malatya), Ahmet Yetkin Gürtaş (Mersin), Cengiz Karaca (Samsun), Mustafa Tosun (Trabzon).

Yukarıda adını saydığım yöneticilerin kurumlarında çalışan rehber öğretmenlerin bilgi ve deneyimlerinden çok yararlandım. Her bir rehber öğretmenin, öğrencilerine yardım etmek için ellerinden geleni esirgememe kararı içinde olduklarını gördüm.

Yazım aşamasında asistanım Sabiha Kocabıçak, eşim Yıldız Hacıevliyagil, meslektaşım Prof. Dr. İrfan Erdoğan, gönüllerini eğitime vermiş değerli dostlarım İbrahim Taşel, Osman Oğuz, Sinan Koca ve Şevket Ertem, birlikte eğitim verdiğim yaşayarak öğrenme uzmanı Yavuz Durmuş, Türkiye'de "Öğrenen Organizasyonlar" yaklaşımının resmi temsilcisi olan ve bu alanda projeler geliştirip okul ve şirketlerde uygulamalar yapan eğitimci Evrim Çalkavur, eğitimci arkadaşım Polat Doğru, içerik, ifade ve biçim yönünden önemli katkılarda bulundular.

Remzi Kitabevi'nden Erol Erduran, bu kitabın proje aşamasında, 'Çok büyük olmayan, anababaların kolaylıkla anlayıp takip edebilecekleri bir kitap olmasını' önermişti. Ben de, "O zaman kitabın basılmamış halini gözden geçirin, önerilerinizi verin!" demiştim. Gerçekten gözden geçirdi ve önerilerini verdi.

Ömer Erduran, her kitapta olduğu gibi, bu kitapta da sezgisini ve yaratıcılığını kapağa yansıttı.

Kitaba, dilinin tutarlılığına ve mantıksal yapısına, editör Neclâ Feroğlu önemli katkılarda bulundu. Kitabın sayfa düzeni ve düzeltmelerini Hatice Taş titizlikle yaptı.

Yukarıda adlarını saydığım kişilere ve sayamadığım tüm rehber öğretmenlere teşekkürlerimi sunuyorum.

Yapılan her öneriyi, yazar sorumluluğu içinde değerlendirdim; bazılarını uyguladım, bazılarını uygulamadım. O nedenle, kitapta bulacağınız hata ve eksikliklerden ben sorumluyum.

İyi okumalar dileğiyle.

Doğan Cüceloğlu
İstanbul, Ocak 2006

Önsöz ve İthaf

Fakir bir ailenin on birinci çocuğu olarak okumaya çalışmak bayağı cesaret ister. Okumanın ne kadar masraflı bir iş olduğunu bilmemekten kaynaklanan cesaretim vardı. Babam, "Öbürleri okudu da ne oldu, mezarımın başında yasin okuyacak kimse yok. Sen de imam ol!" deyince, gizlice otobüse binip Ankara'daki en büyük ağabeyim Reşat Cüceloğlu'nun yanına gittim. Tek maaşıyla iki çocuklu bir aile geçindirmek durumunda olan ağabeyim, hiç beklemediği bir anda, bir sabah beni evinin kapısında buldu.

Ve ben, onların bütçesine, yaşamına ne gibi bir yük getirdiğimin farkında bile değildim.

Gerçekten ailenin en büyüğü olarak beni, hem ağabeyim Reşat Cüceloğlu hem de yengem Nahide Cüceloğlu korudu, gözetti ve destekledi.

İki yıl Ankara Atatürk Lisesi'nde okudum ve orada, beni psikoloji alanına yönlendiren öğretmenim Cahid Okurer'le tanıştım.

Daha sonra Kırklareli'ne gittim ve o günkü adıyla Kırklareli Lisesi'nin ilk mezunlarından biri oldum. O yıl, o da subay başka bir ağabeyim, Ali İhsan Cüceloğlu Kırklareli'ne tayin oldu. Ben de eğitim yükümü, en büyük ağabeyimin sırtından aldım ve öteki ağabeyim Ali İhsan Cüceloğlu ve yengem Leman Cüceloğlu'nun evine taşıdım.

Lise son sınıfta âşık olduğum kızdan yüz bulamayınca saçımı sıfır numaraya vurdurdum ve Kırklareli'nin o sert kışında hemen "kafayı üşüttüm", nezle oldum. Sevgili ağabeyim ve yengem, anlayışlı bir gülümsemeyle bu devreyi atlatmama yardımcı oldular.

Reşat Ağabeyim ve Nahide Yengem sağ olmadıkları için bu satırları okuyamıyorlar, ruhları şad olsun. Ne mutlu ki, Ali İhsan Ağabeyim ve Leman Yengem okuyabilecekler.

Bu kitabı, yaşamımda her zaman çok önemli yerleri olan

Reşat ve *Nahide Cüceloğlu*

ile

Ali İhsan ve *Leman Cüceloğlu*'na

ithaf ediyorum.

Gönlümde her zaman özel yerleri olacak.

1

Her Anababa Çocuğunu Sever

Şu dünyada her şeyin en iyisine layık çok özel ve güzel bir çocuk var! O, sizin evinizde yaşıyor.

Nihat Bey eve geldiğinde gergindi; bütün gün işte çıkan sorunlarla uğraşmış ve cuma gününe yetişmesi gereken projeyi takip etmişti. Proje ekibinde çalışan gençler yetenekliydi ama deneyimleri eksik olduğu için Nihat Bey'in devamlı olarak onlara göz kulak olması ve onları yönlendirmesi gerekiyordu. Üzerinde çalıştıkları, şirketin üst yönetiminin çok önem verdiği bir projeydi ve bu projenin başarısından da başarısızlığından da Nihat Bey'in sorumlu tutulacağı, önceden kendisine söylenmişti.

Eve gelince, "Timuçin evde mi?" diye sordu. Timuçin, lise son sınıftaki oğluydu ve bu yıl üniversiteye giriş sınavına (ÖSS) hazırlanıyordu. Timuçin'in evde olmadığını söylediler.

"Nerede bu oğlan?" diye sordu.

Timuçin'in annesi, "Arkadaşlarıyla buluştu, akşam yemeğine gelecek," diye yanıtladı.

"Ne demek arkadaşlarla buluşma; onun şimdi oturup dersine çalışması gerek," dedi; burnundan soluyordu. Kimse bir şey söylemeye cesaret edemedi.

Nihat Bey'in kızı Tülin, Timuçin'in ablası, üç yıl önce liseden mezun olmuştu. Üniversiteye giriş sınavında başarılı olamamıştı; puanı ne üniversiteye ne de herhangi bir yüksekokula girmesine olanak vermişti. İkinci yıl ise iki yıllık bir meslek yüksekokuluna girmeye hak kazanmıştı. Ne Tülin ne de babası Nihat Bey sonuçtan memnun olmuşlardı. Tülin istemeye istemeye başka kentte bulunan yüksekokula kaydını yaptırdı ve teyzesinin evinde kalarak eğitimini sürdürmeye karar verdi.

Nihat Bey aynı durumun şimdi Timuçin'in başına gelmesinden korkuyordu. O nedenle oğlunu iyi bilinen bir dershaneye yazdırmıştı.

Şimdi, Nihat Bey'i burnundan solur vaziyette evinde bırakıp sınav konusuna genel olarak şöyle bir bakalım.

Her yıl olduğu gibi bu yıl da milyonlarca aile Tülin ve Timuçin'in annesi ve babasının kaygısını ve gerginliğini yaşıyor.

Siz de çocuğu sınava girecek bir anababa iseniz büyük bir olasılıkla oldukça kaygılı ve öfkelisinizdir.

KAYGILISINIZ

Bir anababa iseniz, her anababa gibi siz de, çocuğunuzun sınava önceden hazırlanmaya başlamasını ve sınavda iyi bir okula girebilecek başarıyı elde etmesini istersiniz.

Bu doğal bir istek; bu isteğin kendisinde herhangi bir tuhaflık ya da kötülük yok.

Ama kaygılısınız.

Neden?

Çünkü çocuklarının sınavda başarılı olup istediği bir bölümü kazanmasını arzu eden sizin gibi milyonlarca anababa var. Biliyorsunuz ki sınava girecek olan her on öğrenciden, ancak ikisi üniversitede okuma fırsatı bulabilecek. Her on öğrenciden sekizi bu fırsatı bulamayacak. Nihat Bey'in kızı Tülin, bu gerçeği bir yıl gecikmeyle anladı. Oğlu Timuçin ile daha yakından ilgilenmesinin altında, Nihat Bey'in bu gerçeğin bilincine şimdi varmış olması yatıyor.

Nihat Bey, oğlu Timuçin'in dışarıda kalacak sekiz kişiden biri olmasından kaygılanıyor. Siz de çocuğunuzun üniversiteye girememesi olasılığı nedeniyle kaygılı olabilirsiniz.

ÖFKELİSİNİZ

Nihat Bey, üniversiteye girmenin Avrupa ülkelerinde bu kadar zor olmadığını bildiği için, Tülin'in öz vatanında hakkının yendiğini düşünüyor: "Bu çocukları böyle bir bunalıma sokmak günah değil mi?" diyerek öfkeleniyor.

Siz de Nihat Bey gibi, çocukları yeteri kadar iyi hazırlamayan eğitim sistemine kızıyor olabilirsiniz. Bu kızgınlığın altında, eğitim sisteminin görevinin çocuğumuzu sınava hazırlamak gerektiği inancı yatar. Böyle düşünmenin ne kadar sağlıklı olduğu kendi başına bir tartışma konusu olabilir, ama siz bunun farkında olmayabilirsiniz. Okula göndermek için yaptığınız masrafların yanı sıra, önemli miktarlarda paralar harcayarak dershaneye göndermek zorunda kalışınız da sizi öfkelendiriyor olabilir.

Özel okula ve dershaneye harcadığınız para çocuğunuzun üniversiteye girmesini garanti etse, içiniz rahat edecek. Ama sizin gibi milyonlarca anababa para harcıyor, harcanan para kaygıları giderecek bir ilaç olamıyor; sonuçta sınırlı bir kontenjan var.

Hem para harcıyorsunuz hem de kaygınızdan kurtulamıyorsunuz! Öfkelisiniz!

KAYGINIZIN VE ÖFKENİZİN YÖNÜ

İçinizdeki kaygı ve öfke bir süre sonra bir yön bularak kendini ifade etmek ister.

Nihat Bey, komşu toplantılarında, arkadaşlarıyla yaptığı sohbetlerde bozuk düzenden, eğitimin yetersizliğinden, iyi yönetilemediğimizden söz eder; ama bunlar onu tatmin etmez, bu sözlerle içindekileri tam olarak boşaltmış olmaz.

Bu durumda birçok anababa gibi Nihat Bey de güç hiyerarşisi içinde güçlüden güçsüze doğru, farkına varmadan bir eziyet etme ve bunaltma mekanizması başlatır ve tüm aile, özellikle sınava girecek çocuk, bundan nasibini alır.

İş stresinin üstüne bu kaygı ve öfke, evde hiç de hoş olmayan bir ortam yaratır. Nihat Bey, oğlu Timuçin'in, arkadaşlarıyla beraber olmasına burnundan soluyarak tepki gösterir.

Eğer ailede gerçekleri algılama konusunda sorunlar varsa, "çalışırsa yapar" kanaati gittikçe baskınlaşır ve sınavdaki başarısızlığın nedeninin çocuğun "yeterince çalışmaması" olduğu düşünülür.

Gerçi Nihat Bey, kendini tuttu ve bunu kızının yüzüne açıkça söylemedi; ama içindeki inanç oydu ki Tülin biraz daha çok çalışsaydı, biraz daha gayret etseydi, yüksekokul yerine 4 yıllık bir üniversiteye girmeyi başarabilirdi.

Bunu dillendirmese de, Nihat Bey'in yüzü bu gerçeği saklayamıyordu.

Sonuç, uzun bir süre cehenneme benzeyen bir aile ortamı içinde yaşamak oldu.

Bu cehennem hayatına dayanan, katlanan öğrenciler olduğu gibi, ne yazık ki bunu kaldıramayanlar da oluyor.

Ankara'da verdiğim bir seminere Antalya yöresinden katılan orta düzey yönetici bir bey, verilen arada beni bir köşeye çekti ve ağlayarak, "Kızımın kendini niçin öldürdüğünü ancak şimdi anladım," dedi.

Eğitim yılının başında kızına, eğer üniversiteye girecek puanı alamazsa gözüne görünmemesini söylemiş.

O günlerde dershaneye gelen bir konuşmacı, sınava iki milyona yakın kişinin gireceğini, ancak iki yüz elli bin kişinin üniversitelerde bir bölüme yerleştirileceği gerçeğini vurgulayarak öğrencilerin zamanlarını ve enerjilerini dikkatli kullanmaları gerektiğini belirtmiş.

On yedi yaşındaki genç kız, o gün kendini öldürmüş.

"Önce bütün suçu dershaneye ve konuşmacıya atmıştım. Daha sonra düşündüm: Neden başkalarının çocuğu intihar etmedi de benim kızım intihar etti? Ve bugün, bu seminerde, esas nedenin kendim olduğunu anladım. Yüreğim kan ağlıyor. Keşke bu semineri daha önce alsaydım!"

Öyle anlaşılıyor ki on yedi yaşındaki genç yürek, anababanın evde farkına varmadan yarattığı cehennem hayatını kaldıramadı.

Hiçbir baba, bile bile çocuğuna kötülük yapmak istemez. Seminerde tanıştığım baba da çocuğuna kötülük yapmak istemedi; aslında o, kızının başarısı için bildiği 'doğru' şeyi yaptığını sanıyordu. Niyeti, kızının biraz gözünü korkutmak, derslerine daha ciddi çalışmasını, gevşememesini sağlamaktı; o nedenle kızının yapılan fedakârlıkların farkına varmasını istemişti.

Ne var ki insanları niyetimizle değil, eylemimizle etkileriz. Niyet, ancak eylemde açık seçik ifade edilirse, karşı tarafa ulaşır. Bir şeyi de unutmamak gerekir: Niyet sevgi dolu olsa bile eylem öfkeli ve korkutucu ise, karşımızdaki ancak o öfkeyi görür ve korku yaşar.

Genç kız babasının niyetindeki sevgiyi değil, söylediklerindeki kaygıyı ve öfkeyi gördü; kendisine duyulan güvensizliği hissetti.

Genç kız öldü ve baba iyi niyetinin değil, eyleminin sonucu oluşan bir acının, vicdan azabının içinde yaşıyor.

Yazık.

Yazık; çünkü böyle olmaması gerekiyor.

Nihat Bey, kızı Tülin'le kırıcı ve acı konuşmadı ama yüzü, kaygı ve öfkesini pek gizleyemiyordu. Şimdi oğlu Timuçin'in daha başarılı olması için ne yapması gerektiğini düşünüyor ve "Çok çalış oğlum!" demenin ötesinde elinden bir şey gelmediğini görüyor.

Bu kitabı, çocuğunun sınavda başarılı olmasını isteyen, ama "Çok çalış oğlum/kızım!" demenin ötesinde Nihat Bey gibi elinden başka bir şey gelmediğini düşünen anababalar için yazdım.

Anababalar, sınava hazırlanan çocuklarının başarısı için onlara çok önemli katkılarda bulunabilir. Birçok anababa, çocuğunun başarısına destek olmak niyetiyle bazı şeyler yapar, bazı şeyler söyler ve ne yazık ki destek yerine çocuğun başarısına köstek olur.

Kitap, anababanın çocuğunun başarısına destek olmasını nasıl sağlayacak?

Gerçeklerin bilincine varmasını sağlayarak. Anababa yeni kazandığı bilinçle davranmaya başladığı zaman, çocuğunun başarısına destek olacaktır.

Şimdi anababaların bilincine varmasını istediğim bazı gerçeklerden söz etmek istiyorum.

DEĞİŞTİRİLEMEYECEK GERÇEKLER

Tanrım bana, değiştirebileceklerim için güç, değiştiremeyeceklerim için sabır, ama en önemlisi, ikisinin arasındaki farkı anlamak için akıl nasip et.

ÇİN TAPINAK YAZISI

Anne ve babanın değiştiremeyeceği bazı gerçekler var. Bunları olduğu gibi kabul etmek, anababanın ve tüm ailenin akıl sağlığı yönünden önemli. Bunları olduğu gibi kabul etmek, enerjimizi verimli alanlara yönlendirebilme olanağı yaratır.

Nedir bu gerçekler?

Sınavın yapılması olgusunu değiştiremezsiniz

Sınav ilan edildiği tarihte, ilan edildiği süre içinde ve ilan edildiği içerikte olacak. Nihat Bey'in, "Tülin bir Avrupa ülkesinde olsaydı sınavsız üniversiteye girerdi," diyerek evde ve işyerinde konuşmasının hiçbir yararı yoktur. Peki, zararı var mıdır? Bence vardır. Nihat Bey'in bu konuşmalarını duyan kızı Tülin ve oğlu Timuçin, sınava karşı olumsuz bir tutum geliştirmeye başlarlar ve içlerinde bir direnç oluşur. Bu direnç, sınava hazırlanma isteğini ve ders çalışma kalitesini olumsuz yönde etkiler.

Üniversitelerin kapasitesini değiştiremezsiniz

Sınava giren on öğrenciden ancak ikisi üniversiteye girecek ve sekizi, üniversitede okuma hakkını o yıl elde edemeyecek. Bu konuda çocuğun çevresinde uluorta konuşmak, onun kaygısını artırarak şevkini kırmaktan başka işe yaramayacaktır.

Sınav başarısı, sadece çocuğunuzun ne kadar uzun süre çalıştığına bağlı değildir

Ders çalışma süresi ile alınan not arasında doğrudan bir bağlantı yoktur; çok çalışmak, kendi başına, yüksek not getirmez. Çok çalışmak ve verimli çalışmak ayrı ayrı şeylerdir, çok çalışmak yerine verimli çalışmak gerekir. Bu kitabın değişik yerlerinde verimli çalışmanın öğeleri anlatılacak ve anababalara, çocuklarının verimli çalışmasına nasıl katkıda bulunacakları gösterilecektir.

Baskı, çocuğunuzun verimli çalışmasını sağlamaz

'Ne kadar çok baskı yaparsam çocuk o kadar çok çalışır ve o kadar çok öğrenir' düşüncesi yanlış ve çok zararlıdır. Bu düşünce, aile ortamını cehenneme çeviren en önemli etkendir. Önce şunu bilmelisiniz ki kendisi istemeden, sırf anababasının baskısıyla çalışan öğrenci, aslında çalışırmış gibi görünür ama verimli çalışamaz. Anababa sürekli baskı uygularsa, 'mış gibi' çalışmak öğrencide alışkanlık haline gelir. Bu kötü alışkanlık, gerçekten verimli bir biçimde çalışmayı zorlaştırır.

Çocuğunuzun dünyaya bakış tarzı, temel kimliği ve alışkanlıkları doğduğundan beri oluşagelmektedir; siz söylediniz veya siz istediniz diye hemen değişmez

Okumak ve çalışmaktan zevk almayan bir öğrenci, anababası, "Dikkatli çalış, çalışırken kendini ver, anlayarak çalış!" dediği için eski alışkanlıklarını hemen değiştiremez. Çocuktan, şimdiye kadar oluşturduğundan farklı bir kimliğe bürünmesini beklemek gerçekçi değildir ve bu, onun var olan gücünü erozyona uğratır, kendine olan güvenini kaybetmesine yol açar.

Çocuğunuzun zihinsel yeteneğinin türü ve kapasitesi değişmez

Zihinsel yeteneğin türleri vardır. Bazı kişilerin sayısal yeteneği varken, bazılarının sözel yeteneği vardır. Kişilerin doğuştan getirdikleri görsel ve işitsel yatkınlıkları da farklı olmaktadır. Bu yetkinlikleri değiştirmeye çalışmak doğru bir yaklaşım değildir. Doğru yaklaşım, bu yetkinlikleri en verimli şekilde kullanabilmektir. Çocuğunuzun zihinsel yeteneğinin türünü ve kapasitesini değiştiremezsiniz ama onun bu yeteneği daha verimli kullanmasına olanak sağlayabilirsiniz.

Büyükanne, büyükbaba, hala, teyze gibi ailede önemli yeri olan kişilerinin alışkanlıklarını hemen değiştiremezsiniz

Değişik kişilik yapıları sergileyen bu büyükler, niyetleri her zaman yardım etmek ve başarıya katkıda bulunmak olsa da, bilmeden çocuğun başarısına köstek olabilirler. Onların değişmesini beklemek gerçekçi değildir. Bu, iyi niyetli ama kötü etkili aile büyükleriyle bilinçli bir biçimde ilişki kurmak ve onları yönlendirmek gerekir. Kitapta bu konuya da değineceğiz.

Ailenin maddi durumu bir gerçektir

Bu gerçeği olduğu gibi kabul etmek ve bunun bilincinde olarak çocuğun başarısına destek olacak ortamları yaratmak gerekir. Sınava hazırlanan çocuğunuzun ailenin gerçeklerini bilerek planlama yapmasına destek olmanız gerekir.

Çocuğunuzun arkadaşları, sosyal çevresi, onun yaşamının bir parçasıdır ve siz istediniz diye birdenbire değişmeyecektir

Çocuğunuza, "Şimdiden sonra şu kişiyle konuşmayacaksın, falanla görüşmeyeceksin, telefonda uzun uzun konuşmayacaksın!" gibi talimatlar vermek boşunadır. Bu tip bir yaklaşım, çocuğunuzu daha başarılı yapmaz, aksine bu tip davranışlarızla çocuğunuzun başarısına köstek olursunuz. Timuçin'in evde olmaması ve arkadaşlarıyla zaman geçiriyor olmasından dolayı Nihat Bey'in burnundan soluması Timuçin'i daha verimli çalışan biri haline getirmez, tam aksine Timuçin içten içe hem derslerden hem de babasından istemeden soğumaya başlar.

PEKİ, NE YAPALIM?

Yukarıda saydığım temel gerçekleri değiştirmeye çalışmadan, bunların çerçevesi içinde kalarak anababaların yapabileceği çok şey var.

İşte bu kitabın temel amacı, çocuğu sınava hazırlanan anababaların farkında olması gerekenleri söylemek, onların, çocuklarının başarılarına destek olacak anneler ve babalar olmasına katkıda bulunmaktır.

2

Her Anababa Çocuğunun Başarılı Olmasını İster

İzin verin, çocuğunuz yaşamını tribünlerde seyirci olarak değil, sahada oyuncu olarak geçirsin.

Her anababa çocuğunun başarılı olmasını ister, bu nedenle elinden geleni yapar. Maddi durumu pek elvermese de tüm olanaklarını seferber eder, kendi harcamalarından kısar ve çocuğunun eğitimi için olanaklar yaratır.

Neden böyle yaparlar?

Çünkü iyi bir eğitimin çocuklarını başarılı kılacağını umarlar, bu umut ve beklenti, onların yaptığı fedakârlıkları anlamlı ve değerli kılar.

O halde anababanın başarıdan ne anladığı önemli midir?

Önemli, hem de pek çok önemlidir!

Niçin?

Çünkü başarı anlayışı, anababanın çocuktan beklentisinin temelini oluşturur. Çocuktan beklenen şeyler, anababanın çocukla etkileşimine her gün yirmi dört saat yön verir; anababanın çocukla kurduğu bu temel ilişki, onun özünü, karakterini, yaşama bakış tarzını biçimlendirir.

Kitabın bu bölümünde anababanın beklentisinin temelini oluşturan başarı anlayışını irdelemek istiyorum: Anababa başarıdan ne anlamaktadır?

DERS BAŞARISI VE OKUL BAŞARISI

Anababalar, çocuklarının derslerinde başarılı olmasını ister; öğrenciler de, dersin konusunu ve dersi veren öğretmeni seviyorlarsa, o derste daha başarılı olurlar.

Birkaç derste başarılı olmak, okul başarısına götürmez. Okul başarısı için tüm derslerden başarılı olmak gerekir.

Birçok anababa okul başarısının her şey olduğunu düşünür. O nedenle, sokakta herhangi bir anababaya, "Çocuğunuzun okulda başarılı olmasını ister misiniz?" diye sorsanız, muhtemelen sizin yüzünüze hayretle bakar ve "Kim istemez ki çocuğunun okulda başarılı olmasını, tabii isterim," diye yanıtlar.

Gerçek adını vermek istemediğim, o nedenle 'Ayşe' olarak isimlendireceğim küçük bir kızın anababası, bir tanecik kızlarının eğitimi için ellerinden gelen her şeyi yaptılar. Onun için en iyi eğitim olanaklarını hazırladılar, zeki ve çalışkan kız derslerinde başarılıydı ve bir değil iki yabancı dil öğrenerek eğitimine devam etti.

Anne hekimdi, baba başarılı bir işadamı. Her ikisi de çok meşgul oldukları için biricik kızları büyürken ona istedikleri kadar zaman ayıramasalar da, onun eğitimi için her şeyi yapıyorlardı. Zaten bu kadar çok çalışmalarının ve para kazanmak istemelerinin temelinde de sevgili kızlarına iyi olanaklar yaratmak yatıyordu.

İlk ve ortaöğretimi başarılı bir biçimde bitiren Ayşe, lise eğitiminde de çok başarılı sonuçlar aldı. Üniversite giriş sınavlarında yüksek not alarak gözde bir üniversitenin istediği bölümüne burslu olarak girme hakkını elde etti.

Öyküyü burada keserek şimdi size şu soruyu sorayım: "Buraya kadar bildikleriniz çerçevesinde, Ayşe'ye başarılı bir öğrenci diyebilir misiniz?"

Sanırım, yanıtınız, "Evet," olur.

"Buraya kadar bildikleriniz çerçevesinde, Ayşe'nin anababasına, başarılı bir anababa diyebilir misiniz?"

Okul başarısı sizin için çok önemliyse, anababanın başarılı bir öğrenci yetiştirmiş olmasına bakarak bu soruya da, "Evet," yanıtını verebilirsiniz. Ayşe'nin anne ve babası, örnek alınacak başarılı bir anababa olmuşlardır.

Gerçekten de birçok anababa çocuklarının okul başarısına çok önem verir ve çocukları okulda başarılı ise kendilerini başarılı olarak görürler.

Bu kitabın girişinde öyküsünü anlatmaya başladığım Nihat Bey'in, kızı Tülin'e kızgın olmasının altında yalnız kızının başarısız olması yatmıyor; Nihat Bey kendisini de başarısız görüyor ve o nedenle içten içe kendine öfkeli. Nihat Bey kızının okul başarısızlığını, büyük bir olasılıkla farkında bile olmadan, yaşam başarısızlığı olarak görmekte ve kızı kadar kendisinin de başarısız olduğunu düşünmektedir. "Nerede yanlış yaptım? Çok mu yumuşak davrandım? Annesi onu korumaya çalıştığı zaman üstüne pek gitmemiştim, acaba annesini falan dinlemeyip daha mı çok baskı kursaydım?" gibi sorular aklından geçiyor olabilir. Ve bu nedenle, oğlu Timuçin'le ilişkisinde daha sert ve disiplinli bir baba olmayı düşünüyor olabilir. Bütün bu duygu ve düşüncelerin altında, Nihat Bey'in, okul başarısını çok önemsemesi yatar. Bu düşünce sadece Nihat Bey'e özgü değil, toplumumuzda birçok anababa da ne yazık ki Nihat Bey gibi düşünmektedir.

MESLEK BAŞARISI VE İŞ BAŞARISI

Gerçek yaşamda böyle olmadığını gören ve bilen olsa da, okul başarısının otomatik olarak meslek başarısına götüreceği inancı toplumumuzda çok güçlü ve yaygın.

Şimdi, 'Ahmet' adını verdiğimiz bir başka öğrencinin yaşamını izleyelim:

Annesi ev hanımı, babası ise bir devlet memuru olan Ahmet, öğrenciliği süresince onların yüzünü hep güldürdü. Annesi ve babası çocuklarının okulda başarılı olmasını çok istiyor ve her fırsatta bunu dile getiriyordu. Okul başarısı yakından izlenen Ahmet, üniversite giriş sınavlarında yüksek bir puan alarak gözde bir üniversiteye girdi ve dört yıllık bölümü birinci olarak bitirdi.

Mezuniyetten sonra bir bursla yurtdışında yüksek lisans eğitimi olanağı buldu ve iki yılda yüksek lisans diplomasını alarak Türkiye'ye döndü.

Annesi ve babası oğullarının başarısıyla gurur duyuyordu.

Öyküyü burada keserek şimdi size şu soruyu sorayım: "Buraya kadar bildikleriniz çerçevesinde, Ahmet'e başarılı bir öğrenci diyebilir misiniz?"

Sanırım, yanıtınız, "Evet," olur.

Sanırım, Ahmet'in anababasına da başarılı bir anababa diyebilirsiniz.

Peki, Ahmet'le ilgili öyküme devam etsem, vereceğim yeni bilgilere göre Ahmet'in anababasını yine başarılı görür müsünüz?

Yeni bilgi şu: Babası ve annesi çocuklarının okulda başarılı olması için evde öyle bir disiplin havası yarattılar ki, Ahmet iyi öğrenci olmanın dışında başka hiçbir değeri olmadığını düşünerek yetişti ve kendine güvenini ve özsaygısını geliştiremedi.

O nedenle başarılı bir öğrencilik döneminden sonra büyük beklentilerle başladığı mesleğinde ezik kaldı ve kendisinden beklenen mesleksel başarıyı gösteremedi; bir süre sonra meslek değiştirmek zorunda kaldı.

İyi eğitimi olan ama ürkek, çekingen, pısırık, emir kulu bir tavır içinde sıradan bir işte ömür tüketmeye başladı.

Bu bilgiyi verdikten sonra şimdi size, "Ahmet mesleğinde başarılı bir adam mı?" diye sorsam, yanıtınız, "Hayır!" olur. Aynı şekilde, Ahmet'in anababasını da sanırım başarılı görmezsiniz.

Demek istediğim şu: Okul başarısı, bireyin meslek başarısını garanti etmiyor. Okul başarısı başka tür bir başarı, meslek başarısı ise okul başarısını da kapsayan, ama daha birçok yönü de içeren daha karmaşık bir başarı türü.

Ahmet'in öyküsünün son kısmını ben uydurdum. Amacım, okul başarısının her zaman meslek başarısını getirmeyeceğini göstermekti.

Nihat Bey'le konuşma olanağı bulabilseydim ve "Kızınız Tülin ve oğlunuz Timuçin için, okul başarısını mı yoksa meslek başarısını mı tercih edersiniz?" diye sorabilseydim, sanırım Nihat Bey kısa bir süre için de olsa, irkilecekti. İrkilecekti, çünkü okul başarısının ötesini hiç düşünmemiş biri olarak yepyeni bir soruyla karşılaşmaktaydı. Ama aklı başında her anababa gibi, kısa bir süre düşündükten sonra, meslek başarısının çocukları için daha iyi bir şey olduğunu görecek ve onu tercih edeceklerdi.

Şimdi Nihat Bey'i ve Ahmet'i de bir yana koyalım, İbrahim'in öyküsüne bir göz atalım:

İbrahim küçükken, ailesi maddi varlığını kaybetti. Okul hayatı boyunca İbrahim kendi parasını kazanmak zorunda kaldı; fırında çalıştı, simit sattı, mısır sattı, sinemalarda çekirdek sattı. Üniversiteye girmeyi başardı ve yine kendi parasını kazanarak eğitimini sürdürdü ve pek ismi duyulmayan yeni açılmış bir Anadolu üniversitesinden makine mühendisi diplomasıyla mezun oldu.

Mezun olduktan sonra makine mühendisi olarak çalışmak yerine kafa dengi arkadaşlarıyla birlikte, eğitim sektöründe yayıncı ve eğitimci olarak çalışmaya karar verdi. 45 yaşına geldiğinde kurdukları eğitim kurumunda 6000 kişi çalışıyordu ve kurum 150 binden fazla öğrenciye hizmet veriyordu.

İbrahim makine mühendisi olarak hiç çalışmadı, o nedenle **mesleğinde başarısız** biri olarak görebilirsiniz, çünkü mesleğiyle ilgili hiçbir uygulama yapmamıştı. Ama İbrahim başarılı bir iş kurmuştu ve kurulmasına katkıda bulunduğu kurumun yönetim kurulu başkanı olmuştu.

Mesleğinin yanı sıra iş kuran ve **işinde başarılı** olan insana saygı duyulur; "Neden mesleğini yapmıyorsun? Gül gibi bir mesleğin var, onu yapsana!" tavrı içinde olmak doğru değil.

Bu noktada şimdi, yukarıda sözünü ettiğimiz başarılı öğrenci Ahmet'in öyküsüne geri dönmek istiyorum.

Öykünün sonunu uydurmuştum. Gerçekte ise Ahmet, pısırık

biri değildi ve Türkiye'ye döndükten sonra, iyi bilinen uluslararası bir ilaç şirketinin genel müdür yardımcısı oldu.

EVLİLİK BAŞARISI

Okul başarısı meslek başarısının garantisi olamadığı gibi, meslek ve iş başarısı da mutlu bir evliliğin garantisi değildir.

Gerçek yaşamda Ahmet adını verdiğim bu genç, içinde büyüdüğü yörenin iyi ailelerinden birinin güzel kızıyla evlendi.

Eşinin ve kendisinin lüks arabaları vardı ve güzel bir evde oturuyorlardı.

Görünüşte çok başarılı bir evlilik yapmıştı. Hem kız tarafı hem de oğlan tarafı bu evlilikten memnundu.

Gerçek yaşamda şu oldu: Bir akşam Ahmet eve dönmedi. Karısı tanıdıklarına kocasının eve gelmediğini ve onu merak ettiğini bildirdi. Bir gün sonra, bir otel odasında ölüsünü buldular; aşırı dozda uyku ilacı alarak canına kıymıştı. Geriye hiçbir not veya mektup bırakmamıştı.

Ahmet'in eşi üzgün ve şaşkın bir şekilde yakın bir arkadaşına, "Bunalımda olduğunu bilmiyordum, bana herhangi bir sorunundan söz etmedi." dedi.

Ahmet'in evliliği, öyle anlaşılıyor ki, eşlerin sıkıntılarını ve bunalımlarını paylaştığı türden değildi.

Başarılı bir evlilikte eşler, can cana iletişim içinde olurlar. Öyle anlaşılıyor ki, Ahmet'in evliliğinde bu yoktu.

Demek ki meslek başarısı, mutlu bir evliliğin garantisi olamıyor.

Resmin bu noktasında, "Ahmet başarılı biri miydi?" diye sorsak, okul ve meslek başarısı olduğu halde, Ahmet'e başarılı biri diyemeyiz.

Nihat Bey'e Ahmet'in gerçek yaşamında başına gelenler anlatılsa ve "Kızın Tülin ve oğlun Timuçin için bunu ister misin?" diye sorulsa, "Hayır, istemem!" diyecektir.

Bu noktada Nihat Bey'in düşüncesinde bir aşama daha kaydedilmiştir; okul başarısı, meslek başarısı, iş başarısı kendi başlarına yetersiz kalıyorlar. Nihat Bey şimdi şunun farkında: Bütün bu başarılara, kişinin aile yaşamındaki mutluluğu anlam veriyor.

Bu noktada, öyküsüne ara verdiğimiz Ayşe için de başarının tanımını sorgulamaya başlayabiliriz. Ayşe, burs kazandığı gözde üniversiteden, ikinci yılında ayrıldı. Öyle bir arkadaş grubuna girdi ki arkadaşlarıyla birlikte esrar içmeye başladı ve esrar bağımlısı oldu.

Anababa bunun farkına varınca, çocuklarını o gözde üniversiteden aldılar ve kendi bulundukları kentteki bir üniversiteye yazdırdılar. Ne yazık ki bağımlılık çok ilerlemişti ve Ayşe kendini esrar bağımlılığından ve o çevreden kurtaramadı. Bir yıl sonra, yüksek dozdan komaya girdi ve kurtarılamadı; henüz yirmi yaşındaydı.

YAŞAM BAŞARISI

Yaşam başarısını elde eden insanın yaşamı anlamlıdır, kişi coşkuludur ve güçlüdür. Yaşam başarısı, bütün başarılara anlam verir. Meslek ve iş başarısı saplantı haline gelirse yaşam başarısını gölgeler, engeller ve ona ket vurur. Ama yaşamının anlamlı, coşkulu ve güçlü olmasına önem veren biri, hem meslek ve iş başarısına hem aile başarısına ulaşır.

Yaşam başarısı kavramını yeniden ele alacağız.

BAŞARIDAN NE ANLAMALIYIZ?

Her anababa çocuğunun başarılı olması için elinden geleni yapar, iyi bir eğitimin çocuğunu başarılı kılacağını umar. Bu umudun altında, okul başarısının yaşam başarısının temelini oluşturacağı inancı yatar.

Ailelerinin acısına duyduğum saygı nedeniyle gerçek isimlerini vermediğim, Ayşe ve Ahmet'in yaşamlarında bu inanç işlemedi.

Anababalar çocuklarının başarılı olmasını isterken gerçekte

ne istediklerini çok iyi bilmek zorundalar. Dikkat edin, bilseler iyi olur, demiyorum, çok iyi bilmek zorundalar, diyorum.

Neden bilmek zorundalar?

Çünkü, daha önce de söylediğim gibi, anababanın başarı anlayışı, onların çocukla etkileşimine yirmi dört saat boyunca yön verir ve onu biçimlendirir.

Ayşe'nin anne ve babası kızlarının başarılı olmasını isterken, "başarı" kavramından ne anladıklarının gerçekten bilincine varmış olsalardı, çocukluktan itibaren kızlarıyla olan ilişkilerine başka türlü yön verirlerdi.

Bu satırları okuyan bazı anababalar, "Sen nereden biliyorsun! Ahkâm kesmek kolay, Allah kimsenin başına vermesin, ateş düştüğü yeri yakar," diye düşünüyor olabilirler.

Ayşe'nin ve Ahmet'in durumlarını yüzde yüz bilmem, gayet tabii olanaksız. Ama uyuşturucu kullanan ve intihar edenlerle ilgili o kadar çok araştırma yapılmış ki, bu konularda önemli bir bilgi birikimi var.

Yaklaşık kırk beş yılını insan ilişkilerini incelemekle geçirmiş bir bilim adamı olarak, Ayşe ve Ahmet'in yaşamlarında nelerin aksadığı konusunda tahminlerim ve kanaatlerim var. Şimdi bunlar üzerinde biraz konuşalım.

Başarıdan ne anladığınızın farkında mısınız? Sizin başarı anlayışınız ve o anlayışın altında yatan inanç, isteseniz de istemeseniz de, farkında olsanız da olmasanız da, çocuğunuzla ilişkinizin temelini oluşturur.

Şimdi sokağa çıksak ve "Kime başarılı insan dersiniz?" diye sormaya başlasak, büyük birçoğunluğun, 'ekmek parası kazanabilme becerisi', 'kimseye muhtaç olmama durumuna gelmiş olmak' ile 'başarı'yı ilişkilendirdiğini görürüz.

Böyle düşünmek yanlış mı?

Hayır!

Yaşam başarısının içinde, kişilerin ekonomik özgürlüklerinin, yani para kazanabilme becerisinin olması gerekir. O nedenle insanların, 'ekmek parası kazanabilme becerisi', 'kimseye muhtaç olmama durumuna gelmiş olmak' ile 'başarı'yı ilişkilendirmeleri çok doğal.

Nihat Bey, çocukları Tülin ve Timuçin'in bu nedenle başarılı olmalarını istiyor. Bütün dileği şudur: "Kimseye muhtaç olmasınlar, kendi gayretleriyle ekmek paralarını kazanabilecek duruma gelsinler." Tülin ve Timuçin kendi ayaklarının üzerinde durmayı başardıkları zaman, Nihat Bey ve eşi, dünyanın en mutlu insanları olacaklar.

Peki, ekmek parasını kazanabilecek duruma gelmek yeterli mi?

Ayşe ve Ahmet'in öyküsünün gösterdiği gibi, hayır!

Peki, yeterli olması için başarıdan ne anlamamız gerekiyor?

Gazeteci Ayşe Arman, *Hürriyet* "Pazar" ekinde (1 Temmuz 2001) yer alan bir yazısında, intihar etmek için bir otelin 11. katından atlamış ve zar zor yaşama döndürülmüş başarılı bir işadamıyla yaptığı mülakatı aktarıyor.

Ayşe Arman'ın yazısının başlığı şöyleydi:

"Hayattan Zevk Alıyorduk da mı Attık Kendimizi Oradan!"

...

Yarı yolda, "Vazgeçtim ben!" hissi doğuyor mu?

Pişmanlık yoktu. Ben kararımı vermiştim. Sonradan Ahmet Altan'ın *Kılıç Yarası*'nı okudum, sonunda bir intihar öyküsü anlatıyor, çok doğru tespitler var, altını çizerek okudum bazı yerleri: Ölüm kolay, karar vermek zor.

Ne kadar süre ölmeye yattınız?

İki ay. Geçirdiğim en zor deneyimdi. Ölümün kendisi değil yani. Yemek yemek bile zül geliyordu. Her şey. Eve geliyorum, bizde herkes aynı anda sofraya oturur, millet yemeğini yiyor, ben önümdeki tabağa bakıyorum. Hissediyorum tabii, ağır depresyondayım. Bazı arazlar vardı, ayaklarımı sallamalar filan.

...

Ölmediğinizi fark ettiğinizde aklınızdan geçen ilk cümle?...

"Allahım bunu da beceremedim!" Buydu aklımdan geçen. Gözümü açıp, öylece yukarı 11. kata baktım. Ve kendimden çok utandım. O anda öyle hissediyorsun. Başarısızlık olarak algıladım. Böyle öğretilmiş bize. Her konuda başarılı olmaya programlanmışız ya. Sonra gözlerimi sıkı sıkı kapattım ve uzun bir süre hiç tepki vermedim.

...

Pişman mısınız?

Atladım diye mi? Hayır, buna kendi irademle karar verdim. Ve bana artıları oldu, bunu görüyorum. Çok gergin bir adamdım. Agresiftim. Hırslıydım. Para değil ama güç benim için her şey demekti. O zaman 6000 kişi çalışıyordu yanımda, şimdi 58. Daha pozitif bir adam oldum.

Sizi intihara iten sebepler?...

Bu soruyu o gün sorsaydınız, bir sürü şey anlatabilirdim. Bugün farklı düşünüyorum. Her şeyi ben hazırladım, olan biten her şeye ben müsaade ettim. Çocuklarınız uyuşturucu kullanıyorsa, sadece başkalarını suçlayamazsınız. Sizinle de alakalı. Yani suçlu aranıyorsa, o suçlu benim. Sistemi, devleti suçlamak yeterli değil. Doğru da değil. Bir sürü neden var. Ama o ayrı bir mesele. Tamamen kendimi sorumlu tutuyorum. Aileme, iş arkadaşlarıma öyle olaylar yaşattım ki ben, benim başarısızlıklarımı savunmak zorunda bıraktım onları. Bunu taşıyamadım. Beni sevenler için yüktüm. Öyle düşünüyordum. Ve onları bu azaptan kurtarmak istedim. Ana tema bu. Onur derseniz onur, onursuzluk derseniz onursuzluk. Bu ayıba kendi irademle karar verdim. Benim ayıbım. Ama yüzleştim.

İntihar girişiminden sonra neler değişti hayatınızda?

Ruh halim değişti. Hoşgörülüyüm, hâlâ zengin olmaya çalışıyorum. Ama zenginliği de farklı yorumluyorum şimdi. Artık zengin olduğum için utanmak istemiyorum. Bu yanlış bir şeymiş. Zenginliğin bir araç olduğunu düşünüyorum. Amaç değil yani.

Peki "Karıma, çocuklarıma ne olacak?" diye hiç düşünmediniz mi? Bencillik yok mu bu işte?

Olmaz mı? Düzgün düşünemiyorsun ki. Şöyle bir mantık kurmuştum: "Karım çok güçlü bir kadın, onun hayatı bensiz götüreceğine ve çocuklarıma bakabileceğine inanıyorum." Belki daha edilgen bir kadın olsa yapamazdım. "Ha kalp krizinden ölmüşüm ha psikolojik rahatsızlık geçirip intihar etmişim, ikisi de aynı kapıya çıkar," diyordum. Biz akıllıydık, çok normaldik, hayattan çok zevk alıyorduk da mı attık kendimizi oradan! Var mı böyle bir şey.

Mülakatın bu noktasında Ayşe Arman S.D.'nin karısıyla konuşur; aşağıdakileri S.D.'nin karısı söylüyor.

Hastanede beni görür görmez, "Affet," dedi. Ve nedense geçmişte kalmış bir hadiseyi hatırlattı. Kızımız 7 aylıkken küçük bir ameliyat geçirmişti. Operasyon yerinde hafif bir sızıntısı oldu. Babasına götürdüm, "Hastaneye gidelim hemen," dedim. Toplantısı vardı, çok önemliydi, yabancılarla beraberdi. Ki çocuklarını çok sever, inanılmaz şefkatli bir babadır. Bana dedi ki, "Sen götürebilir misin? Ayrılamayacağım şimdi buradan. Benim için yapar mısın?" Götürdüm. İşte aradan yıllar geçmiş, adam intihara kalkışmış, beni hastanede görüyor ve "Affet, o gün nasıl oldu da seninle hastaneye gelemedim! Çok kötü acısını yaşıyorum şimdi," diyor.

Eşinin Ayşe Arman'la konuşmasını dinleyen S.D. söze karışıyor ve şöyle diyor:

Yaptığım olaya bak. Çocuğunu hastaneye götürmüyorsun. Çünkü iş daha önemli. Öyle mi? Bugün o adamların yüzünü bile hatırlamıyorum. Ama o olayın bende bıraktığı izlere bak. Nesin sen ya? Nasıl bu kadar kendini kaptırabiliyorsun? Ne için bütün bunlar? Değer mi? Değmediğini anlamak için 11. kattan atlamak gerekmiyor.

S.D., öyle anlaşılıyor ki 'ekmek parası' sıkıntısı çekmiyordu. Ailesiyle çok büyük bir mutsuzluk ve sorun da yaşamıyordu. Ama yaşamında bir anlamsızlık vardı ve coşku yoktu. Ölmediğini fark ettiğinde aklından geçen ilk cümle, "Allah'ım bunu da beceremedim!" oldu.

"Bunu da beceremedim!"

Buradaki, "da" kelimesi çok önemli.

Demek ki S.D. kendini genel olarak başarısız görüyordu.

Parası var; 'para yokluğundan bunalıma düştüm' durumu yok. Gücü var, yanında 6000 kişi çalıştırıyor; ama ne dediğine dikkat edin: "Hırslıydım. Para değil ama güç benim için her şey demekti." Demek ki daha güçlü olmak istiyormuş ve kendinden daha güçlü insanlarla kendini kıyaslayarak kendini başarısız hissediyormuş ki, "bunu da" demiş.

Karısından, çocuklarından şikâyeti yok. Nereden anlıyoruz ailesiyle bir sorunu olmadığını?

İntihar girişiminden sonra beraber olmaktan mutlu olduğu kişiler, ailesindeki insanlar ve kendine geldiğinde yüreği yanarak hatırladığı ilk olay, kızını hastaneye götürmeyip iş toplantısına devam etmesi.

Can Dündar'ın bir yazısı, insanın yaşamında "keşke" ve "iyi ki" sözcüklerinin ne kadar sıklıkta yer aldığını sorguluyor. Yazıdan bazı kısımları sizinle paylaşmak istiyorum.

Can Dündar, o kendine özgü güzel ifadesiyle şöyle diyor:

Keşke

Dört mevsimlik bir sene olsa ömür,
'keşke', onun güzüne denk gelir.
Hepten vazgeçmek için erkendir,
telafi etmek için geç...
Mağlubiyetin takısıdır 'keşke'...
Kaçırılmış fırsatların, bastırılmış duyguların, harcanmış hayatların, boşa yaşanmış ya da hakkıyla yaşanamamış yılların, gecikmiş itirafların ağıtıdır.

Çarpılıp çıkılmış bir kapıda, yazılıp yollanmamış bir mektupta, göz yumulmuş bir haksızlıkta, vakit varken öpülmemiş bir elde, dilin ucuna gelip ertelenmiş bir sözdedir.

Feri sönmüş bir çift gözde ya da yitip gitmiş bir güzelliğin ardından iç çekişte...

'Yolunu gözlemeseydim', 'öyle demeseydim', 'terk edip gitmeseydim', 'en güzel yıllarımı vermeseydim' diye diye sızlanır gider.

...

'Keşke'nin panzehiri 'iyi ki'dir.
İlki ne kadar pısırıksa, ikinci o denli yiğittir.

...

Keşke'cilerin hayatı, kasvetli bir pişmanlıklar mezarlığıdır.

'İyi ki' öyle mi ya!...
Onda, yara bere içinde de olsa, yana yana, ama doyasıya yaşamış olmanın iç huzuru ve haklı gururu haykırır.

Şimdi Nihat Bey'e ve çocuğu sınava giren diğer anababalara önerilerim var; ilki şu:

Çocuğunuzun yaşamında, 'keşke'leri değil, 'iyi ki'leri çok olsun.

Bu, çocukluğu, öğrenciliği, mesleği, iş yaşamını, evliliği, özetle tüm yaşamı kapsayan bir öneri:

Bir kişinin yaşamında dengesizlik varsa, yani kişi yaşamın tümüne değil, belirli bir yönüne odaklanmış, okul başarısı, meslek başarısı, iş başarısı gibi bir saplantı geliştirmiş ve orada saplanıp kalmışsa, sonunda o kişinin yaşamında 'keşke'ler çok olur. Yaşamın bir bütün olduğunun bilinci canlı tutulmuşsa, o yaşam yolculuğunda 'iyi ki'ler çok olur.

Çocuğunuz sınava hazırlanırken ve siz onun anababası olarak onunla ilişki kurarken yukarıdaki öneri hakkında açık seçik bir tavır geliştirmeniz gerekir. Neye karar verdiniz? Çocuğunuz nasıl bir yaşama sahip olsun, 'keşke'leri mi, 'iyi ki'leri mi çok olsun?[1]

Çocuğunuzun karakter yapısı, onun nerede ve nasıl başarılı olacağını etkiler.

İki türlü karakter düşünebilirsiniz. Biri, kurnazlık ve açıkgözlük ahlakına göre işler. Böyle bir karakter için başarı, karşıdakini zayıf tarafından yakalayıp onu, deyim yerindeyse tongaya düşürerek elindekini alabilmektir. Bu anlayışta birine göre en büyük suç, birisinin onu zayıf tarafınızdan yakalayarak elindekini almasıdır; en büyük ceza, elindekini kaptırarak diğerlerinin gözünde utanılacak duruma düşmektir.

Diğeri, vicdanının sesini dinleyerek doğru olanı yapma ahlakına göre işler. Böyle bir karakter için başarı, insanların hakkını yemeden üretmek ve kazanmaktır. Bu anlayışta birine göre en büyük suç, başka birinin hakkını yemektir ve en büyük ceza, bile bile yanlış yapmaktan kaynaklanan vicdan azabıdır.

Anababalara ikinci önerim şu:

Çocuğunuz, kurnaz ve açıkgöz biri olacağına, başkalarının hakkını yemeden üreten ve kazanan biri olsun.

Bu önerinin üzerinde düşünmek gerek; birçok anababa, "Benim çocuğumun hakkı yeneceğine, onun başkasının hakkını yemesini tercih ederim," diyebilir.

Peki, insanları 'hakkı yenenler' ve 'hak yiyenler' diye iki grupta görmek, aslında dünyayı bu hale getirmiyor mu?

Şimdi bazı anababaların büyük bir içtenlikle, "Keşke başka bir çaresi olsa, ama 'iyi insanlar' hep zayıf kalıyor ve güçlüler tarafından sömürülüyor; ben çocuğumu 'iyi insan' olarak yetiştirirken onun sömürülecek zayıf bir insan olmasına sebep oluyorsam, bundan da vicdan azabı çekerim!" dediğini duyar gibi oluyorum.

İyi insan, zayıf insan demek değildir. Aslında şunu büyük bir inançla söyleyeceğim, zayıf insan 'iyi insan' olamaz. Gerçekten iyi insan, güçlüdür. O nedenle, 'kurnaz, açıkgöz olan güçlüdür' görüşüne katılmıyorum.

Güçlü insan yaratıcı ve üretkendir. Ve herkesin, toplumun, kurumların, işadamlarının, devlet yönetiminin bu tür insanlara gereksinimi vardır. Yaratıcı ve üretken insan olmadan toplum, kurum, iş alanı, devlet ilerleyemez, gelişemez ve zamanla zayıflar.

Benim söylediğim türden güçlü, yaratıcı insan, ne kimsenin hakkını yer ne de kimsenin kendi hakkını yemesine izin verir. Açıkgöz ve kurnaz insan, kısa vadeli düşünüp anlık başarılar peşinde koşarken; **güçlü, yaratıcı insan, uzun vadeli düşünür**, güvenilir biri olarak yaşam boyu başarılara –iş ve aile yaşamı da dahil– imza atar.

Zamanınız varsa yüzlerce yıldır ayakta olan kültürel ve ticari kurumlara bir göz atın, onları inceleyin, tarihçelerine ve yönetimlerine bir göz atın. Kurnaz ve açıkgözlerin yönetimindeki kurumların değil, yaratıcı ve üretken, akıllı ve güçlü insanların yönetimindeki kurumların hayatta kaldığını görürsünüz.

Anababalara üçüncü önerim şu:

Çocuğunuz, kendisine güvenmeyen ve kimsenin güvenmediği, bilgisi ve diploması olan ama pısırık ve şevksiz çalışan biri değil, özgüveni ve özsaygısı olan, "Ben yapabilirim!" duygusu güçlü, girişken ve sorumlu biri olsun.

"Çocuğumun, özgüveni ve özsaygısı olan, 'ben yapabilirim'

duygusu güçlü olan biri olmasını istiyorum," düşüncesindeyseniz, çocuğunuzla ilişkinizde birçok şeyi, şimdiye kadar yapageldiğinizden farklı yapmanız gerekebilir.

Yaşam öyküsünü anlattığımız Ayşe'nin kendine özgüveni ve özsaygısı gelişmiş olsaydı, uyuşturucunun tutsağı olmaz, o tür arkadaş grubuna saplanıp kalmazdı. Ama onun anababasının, çocuklarına iyi olanaklar sağlamak için geceli gündüzlü çalışmalarının ötesinde başka şeylerin bilincine varmaları ve bu bilinçle davranmaları gerekirdi; onu küçükken bol bol kucaklamak, onunla sık sık baş başa zaman geçirmek ve sürekli can cana konuşmak gibi. Sürekli can cana iletişim içinde olmaya, ben 'sohbet içinde olmak' diyorum. Böylesi bir sohbet içinde olunsaydı, çocukta "sınırlar ve sorumluluk bilinci" gelişecekti. Böyle bir ailede, anababa, kendi yaşamlarında pusula gibi kullanacağı değerleri çocuklarından da isterdi.

Değerlere şu örnekler verilebilir: 'Sağlık' ailede bir değer ise, önce anababa bunun gereğini yapar ve sonra çocuktan da sağlığa önem vermesini bekler. 'Sevgi' ailede bir değer ise, karı koca kendi ilişkilerinde sevgiyi yaşar ve çocuklarıyla ilişkilerinde de yaşamaya özen gösterir. 'Başarı' bir değer ise, anababa sürekli ellerinden gelenin en iyisini yaparak kendileri çocuğa örnek olur ve çocuktan da elinden gelenin en iyisini yapmasını bekler.

Ahmet'in yaşamını irdelediğimizde, sözünü ettiğim can cana iletişimi, sohbet içinde olmayı göremezsiniz. Anababasının Ahmet'e verdiği en önemli mesaj şu olmuştur: "Bizim gözümüzde sen, ancak okul başarın kadar varsın ve değerlisin."

Aslında gerçek Ahmet yoktu, anasının babasının gurur duyduğu ve tanıdığı bir başarı makinesi vardı ve onlar gerçek Ahmet'i değil, bu başarı makinesini biliyorlardı. Ama Ahmet'in içi bunu biliyordu. İlaç alarak 'mış gibi' yaşamına son verdiğinde, belki de söylediği, "Yok sayılmaya dayanamıyorum!" idi.

Acaba Tülin ve Timuçin, anababaları için gerçekten varlar mı? Yoksa onlar da içten içe, "Bizim gözümüzde sen, başarın kadar varsın ve değerlisin." mesajını alıyorlar mı?

Ayşe ve Ahmet'in yaşamı, 'iyi ki'lerin çok olduğu bir yaşam değildi. Belki hayret edeceksiniz, ama büyük bir olasılıkla onlar, intihara kalkışan işadamı S.D. gibi sürekli, "Bunu da beceremedim!" duygusunu yaşıyorlardı. Çünkü içinde yetiştikleri ortam, o tür bir başarı anlayışını onların içine kazımıştı ve o tür bir *başarı hapishanesi*nden, ne yazık ki ancak ölerek kurtulabildiler.

Kendilerini değerli hissederek sağlam temele dayanan özgüven ve özsaygı geliştiremediler.

İçinde yetiştikleri ortam, özellikle anababaları, başarılı olmalarını canı gönülden istiyordu ve doğrudan ya da dolaylı olarak sürekli başarılı olmaları için baskı yapıyorlardı; ama başarıdan ne anladıkları konusunda pek düşünmemişlerdi.

Yaşam başarısı, diğer bütün başarıları kapsar.

Yaşam başarısına götürmeyen okul başarısının sonu hüsrandır. Yaşam başarısına götürmeyen iş ve meslek başarısının sonu 'keşke'lerle dolu olur; acıdır.

Yaşam başarısı, kişinin kendi özgür seçimlerinden oluşmuş, anlamlı, coşkulu ve güçlü bir yaşamı ifade eder.

Yaşam başarısını gönlünce gerçekleştirememiş kişiler, ömürlerinin sonunda, "Bu hayatta ben var mıydım? Bu hayat benim gönlümün istediği hayat mıydı?" diye sorduklarında, "Hayır yoktum, bu benim gönlümün istediği hayat değildi!" diye yanıtlarlar. Kendi yaşamlarını tribünlerden seyretmişlerdir. Ömürleri 'keşke'lerle doludur ve mutsuz ve doyumsuz olarak bu dünyadan ayrılırlar.

Yaşam başarısını gönlünce gerçekleştirmiş kişiler, ömürlerinin sonunda, "Bu hayatta ben var mıydım? Bu hayat benim gönlümün istediği hayat mıydı?" diye sorduklarında, "Evet vardım, bu benim gönlümün istediği hayattı, yaşamı tribünlerden seyretmedim, sahanın içindeydim!" diye yanıtlarlar. Ömürleri 'iyi ki'lerle doludur ve mutlu ve doyumlu olarak bu dünyadan ayrılırlar.

Anababalara bu bölümde son önerim şu:

İzin verin çocuğunuz, yaşamını tribünlerde seyirci olarak değil, sahada oyuncu olarak geçirsin.

Çocuğunuzun sınava hazırlanma döneminde onu sürekli etkiliyorsunuz. Bu etkinin temelinde, sizin ondan ne tür başarı beklediğiniz yatar.

Evet, beklentiniz ne?

Öyle anlıyorum ki siz, anababa olarak çocuğunuzdan beklediğiniz başarı türünün farkındasınız?

"Çocuğumun yaşamında 'iyi ki'ler çok olsun, üreterek kazansın, özgüveni ve özsaygısı yüksek, kendi yaşamının oyuncusu olsun," diyorsunuz o halde kitabı okumaya devam edin, bu kitap sizin için yazıldı.

3

Başarının Temelleri: Niyet ve Beklenti

Ona bir yaşam kurmayın; çocuğunuzun, kendi yaşamının mimarı olmasına yardımcı olun.

Trafik kazaları sık sık gazetelerde haber olur. Yedi yaşındaki minik Elif'in ölümü de küçük bir haber olarak gazetelerde yer aldı (*Sabah* "İstanbul" eki, 26.04.2000). Haber şöyle:

> "Havalimanı Mahallesi Taşocağı Caddesi'nde evinin önünde oynayan 7 yaşındaki Elif B., tahta yüklü bir kamyonetin altında kalarak feci şekilde can verdi. Küçük Elif'e çarptıktan sonra olay yerinden kaçan kamyonet sürücüsü M.K., polis tarafından yakalandı. Elif'in annesi, küçük kızının ölüm haberini alınca sinir krizleri geçirdi."

Her ay ülkemizde, benzer yüzlerce, hatta binlerce olay, kaza oluyor, gazetelerde yer alıyor, ölenler değişik istatistik tablolarında yerlerini buluyor ve sonunda da unutuluyor.

Ama minik Elif'in annesi ve babası unutamaz; onların yaşamı, bu kazadan sonra daha zor, daha yalnız ve büyük olasılıkla acılarla dolu olarak devam edecektir. Onların yaşamı, bu kazadan sonra, hiçbir zaman kazadan önceki gibi olamaz.

Kamyon şoförü, dikkatini vererek araba kullanmalıydı; ama o, söylentilere göre dikkatinin bir kısmını sigarasını yakmaya ve sigarasını yakarken yanındakiyle gevezeliğe vermişti. Şimdi size bir sorum var: Kamyon şoförü, araba kullanırken dikkatini, yoldan çok sigarasını yakmaya verdiğinde, bu davranışından dolayı bir çocuğun canını alacağını ve bir ailenin hayatını mahvedeceğini bilebilir miydi acaba?

Sanıyorum bu soruyu, "Hayır, bilemezdi!" diye yanıtlarsınız.

Ben de sizin gibi düşünüyorum. Kamyon şoförü dikkatini araba sürmeye değil, sigarasını yakmaya verdiğinde kaza yapabileceğinin ve bu kazanın sonunda bir çocuğu öldüreceğinin birazcık dahi olsa düşünmüş olsaydı, eminim farklı davranırdı. Böylece, hem çocuk ölmemiş olurdu hem de kendisi hapse girmez ve yaşam boyu vicdan azabı çekmezdi.

Daha önceki bölümlerde sözünü ettiğim Ayşe'nin annesi ve babası, ilerde Ayşe'nin başına gelecek olanları birazcık düşünmüş olsalardı, kızları daha küçücük bebekken, kendilerini günlük işlerin hengâmesine bu kadar kaptırıp onunla birlikte zaman geçirmeyi ikinci plana atar mıydı?

Ahmet'in annesi ve babası, o ana kadar sürekli başarılarıyla övündükleri oğullarının uyku ilacı alarak intihar edeceğini bilselerdi, onun yaşamının daha anlamlı ve coşkulu olması için ellerinden geleni yapmazlar mıydı?

Başlarda söz ettiğim Antalyalı baba, on yedi yaşındaki kızının intihar edeceğini bilseydi, kızına, "Üniversiteye giremezsen gözüme görünme!" der miydi?

Şu anda, "Bütün bunlarla ne demek istiyorsunuz? "diye aklınızdan bir soru geçiyor olabilir. Ne demek istediğimi açık seçik söyleyeyim: Bir insan arabanın direksiyonunda oturuyorsa, direksiyonda olmanın bilincinde olmalı ve o bilincin sorumluluğu içinde arabayı kullanmalı.

Evet, direksiyonda olmanın bir sorumluluğu vardır. İnsanlar bu sorumluluğun bilincinde mi? Biri bu sorumluluğun bilincinde iken, bir diğeri olmayabilir. Yukarıda sözü edilen üç olaydaki anababalar da bir bakıma direksiyondalardı. Ancak bunun bilincinde değillerdi. Araba sürmenin sorumluluğunun bilincinde olan ile olmayanın arabayı sürmesi aynı değildir. Böyle iki kişinin araba sürüşlerine bakılırsa ikisi arasındaki sürüş farkı görülebilir. Biri dikkatini yola verirken, öbürü dikkatini sigarasını yakmaya veriyor.

Sürekli kazalardan bahsederek içinizi karartmak istemem ama söz konusu çocuklarımızın yaşamı olunca, söyleyeceklerimi açık seçik ortaya koyan olaylardan yararlanmak isterim. Başka bir trafik kazası haberi (*Vatan*, 14 Nisan 2005) şöyle veriliyordu:

> Kaza önceki gün, G.A. (61) ve müteahhit eşi Ö.A.'nın (55), gelinleri O. ile (26) birlikte, askere çağrılan oğulları U.A.'yı teslim etmek üzere gittikleri İzmit'teki birlikten Antalya'ya dönüş yolunda meydana geldi. Arabayı kullanan Ö.A., telefonla kanser hastası olan kardeşi 59 yaşındaki M.'nin ölüm haberini alınca bir an önce Antalya'ya ulaşmak için hız yaptı. Isparta'nın Keçiborlu İlçesi'ne 3 kilometre kala rampada hatalı sollama yapınca, otomobil, karşı yönden gelen TIR'ın altına girdi. Hurdaya dönen otomobilin sürücüsü Ö.A. ile eşi olay yerinde, gelinleri O. ise kaldırıldığı hastanede yaşamını yitirdi. U.A., birliğine teslim olduğu ilk gün aldığı haberle yıkılırken, Antalya'da kanserden ölen ailenin diğer ferdini toprağa vermeye hazırlanan yakınları da perişan oldu. Cenazeler bugün Antalya'da toprağa verilecek.

Unutmayın, şu anda sorumluluğun bilincinde olmaktan söz ediyorum. Haberi yakından incelediğimiz zaman, sorumluluğunun gereğini yapmayan iki örnek görüyoruz:

Birincisi, Ö.A. direksiyonda olmanın sorumluluğunu, aldığı üzücü haberin etkisi altında olsa gerek, tam yerine getiremedi. Direksiyona oturduğu zaman, kendisinin, eşinin ve gelininin olmak üzere en azından üç canın sorumluluğunu taşıdığını hiç unutmaması gerekiyordu.

İkincisi, Antalya'dan telefon ederek Ö.A.'ya kardeşinin ölümünü bildiren kişi kim ise, onun da bu kazada sorumluluğu var. Araba sürmekte olan veya sürmeyi planlayan birine çok ağır ve çok acil haberler vermemek gerekir. Çünkü ağır ve acil haberler, arabayı kullanan kişinin zihnini bulandırabilir ve bunun sonucu kazalar olabilir.

Arabanın direksiyonuna oturmanın bir sorumluluğu olduğu gibi, anne ve baba olmanın da bir sorumluluğu vardır. Anababa olmanın sorumluluğunun bilincine varmamış birinin yaptığı kazaların bedelini, çocuklar yaşamları boyunca öderler; çocuklarının çektiği acıların sonradan farkına varan anababa da, Ayşe'nin ve Ahmet'in anababası gibi, ömür boyu vicdan azabı çeker.

Peki, ne yapalım?

Niyetimiz, sınava girecek olan evladımızın başarısına destek olmak. O zaman bu niyete uygun bir bilinç ve sorumluluk içinde davranalım.

Kitabın başında sözünü ettiğim Tülin ve Timuçin'in anne ve babası gibi siz de, isteseniz de istemeseniz de anababa olarak direksiyona geçmiş durumdasınız.

Anababa olarak direksiyona geçmiş olmanın sorumluluğu var mı?

Siz de ben de biliyoruz ki, anababa olmanın sorumluluğu var. Ara sıra bu sorumluluğu unutmak isteriz; ama içimizde bir ses sorumlu olduğumuzu, bazen hafif, bazen güçlü olarak bize fısıldar. Peki, sese kulak veriyor ve çocuğumuzun başarılı olmasını gerçekten istiyorsak ne yapmamız gerekiyor?

Her şeyden önce, çocuğumuza nasıl destek olacağımız konusunda bilincimizi geliştirelim.

"Tamam, bilincimi geliştirmek istiyorum, nereden başlayayım, neleri bilmem gerekiyor?" dediğinizi duyar gibiyim.

'Başarı' kavramıyla işe başlayalım.

Anne ve baba olarak başarıdan ne anladığınızı bilmeniz gerekiyor. Başarı kavramını birlikte irdeleyelim.

Bir araba kazasının düşündürdükleri: Önce niyet

Birinci olaydaki şoförün arabaya bindiği zaman bir niyeti vardı. Neydi bu niyet? Kamyona yüklenen tahtayı istenen yere taşımak.

Şimdi Timuçin'e dönelim: Timuçin masaya oturduğu zaman, ondan ders çalışması beklenir. Ancak Timuçin'in niyeti bu mudur?

İki tür niyetten bahsedebiliriz:

1. Göstermelik niyet
2. Gerçek niyet

'Göstermelik niyet', toplumsal bir yüz, 'başkalarına gösterme'lik bir amaçtır.

'Gerçek niyet', kişinin iç dünyasındaki amaçtır. Kişi çoğu kez kendi gerçek niyetinin farkındadır; ama gerçek niyetinin kabul edilemeyeceğinden korktuğundan, içinde bulunduğu sosyal ortama uygun, göstermelik bir amacın arkasına saklanabilir.

Timuçin ders çalışmak için dersin başına oturduğunda, niyeti göstermelik ya da gerçek olabilir. Göstermelik niyeti varsa masaya oturur, *ders çalışıyormuş gibi* yapar; ama aklı arkadaşlarındadır ve bir an önce onlarla buluşmak ister. Babası Nihat Bey'in izin vermeyeceğini bildiği için göstermelik niyetini, babasına gerçek niyet gibi gösterir ve onu, gerçekten çalışmak istediğine inandırmak ister. Ancak gerçek niyeti ders çalışmaksa, bunun gereğini yapar, hiçbir şeyin ona engel olmasına izin vermez.

NİYET, BEKLENTİYİ DOĞURUR

Niyet, beklentiyi doğurur. Nihat Bey'in Timuçin'le ilgili temel niyeti, baba olarak onun beklentilerinin temelinde yatar.

Nihat Bey'in başarı niyeti, Timuçin'le ilgili beklentilerini belirler. Bu önemlidir, çünkü Nihat Bey, Timuçin'den beklentilerine göre onu başarılı ya da başarısız görecektir.

Konuyu somutlaştırmak ve basitleştirerek anlatmak için yine araba sürme örneğini ele alalım. Diyelim ki Timuçin 'A' noktasından 'B' noktasına gitmek üzere arabanın direksiyonuna geçti. Bir süre sonra 'B' noktasına vardığında, kendini başarılı görecektir.

Alınan sonuç (AS), beklenen sonuçtan (BS) büyük veya ona eşitse, sonuca 'başarılı' deriz.

Timuçin'in babası Nihat Bey'in niyeti arabanın 'B' noktasına götürülmesi ise, Timuçin'i başarılı görecektir, çünkü Nihat Bey'in niyeti ile Timuçin'in aldığı sonuç aynıdır.

Şimdi Nihat Bey ile oğlu Timuçin'in şunları yaşadığını düşünün lütfen:

1. Timuçin arabayı 'B' noktasına götürmüştür ve kendini başarılı görmektedir; ama Nihat Bey'in yüzü asıktır ve Timuçin'i başarısız görmektedir. Nihat Bey, oğlu Timuçin'e der ki: "Ne biçim araba kullanıyorsun sen! Bir saatte gidilecek yere üç saatte gittin!"

   Bu konuşmadan anlarız ki, Nihat Bey, Timuçin'in 'B' noktasına varmasını kendi başına yeterli görmüyor, 'süratle' oraya varmasını bekliyor. Baba oğul arasındaki bu beklenti farkı nedeniyle Timuçin kendini başarılı görürken, babası onu başarısız görmektedir.
2. İkinci denemede Timuçin arabayı 'B' noktasına bir saatte götürür. Nihat Bey'in yüzü yine asıktır ve Timuçin'i yine başarısız görmektedir. Oğluna der ki: "Herkesin 5 litre benzin yakarak gittiği yere 10 litre benzin yakarak gittin! Müsrifin tekisin!"

   Demek Nihat Bey 'yakılan benzinin miktarını' başarının bir ölçütü olarak görmektedir ve o nedenle Timuçin'i yine başarısız görmektedir.
3. Üçüncü denemede Timuçin arabayı 'B' noktasına bir saatte ve 5 litre benzin yakarak götürür. Ama tahmin edebileceğiniz gibi baba yine memnun kalmaz ve şöyle der: "Arabadakilerin yüreği ağzına gelmiş, çok tehlikeli araba kullanıyorsun; adam gibi araba kullanmayı ne zaman öğreneceksin sen!"

Demek ki buradaki başarının bir boyutu da, kimseyi tehlikeye sokmadan, korkutmadan, 'güvenle' araba kullanmaktır.

Nihat Bey'in 'B' noktasına nasıl varılacağıyla ilgili beklentileri karşılanmadıkça, oğlu Timuçin'i başarılı görmeyecektir.

Nihat Bey'in beklentisi nereden geliyor?

Bu çok önemli bir soru, onun için tekrar soralım:

Timuçin'in babası Nihat Bey'in beklentisi nereden geliyor?

Kişinin niyeti kendinde beklenti yaratıyor ve kişi karşıdakini bu bu beklenti çerçevesinde başarılı ya da başarısız buluyor.

Demek ki anababa olarak ilk soracağımız soru niyetle ilgili.

Çocuğunuzun daha önce sözünü ettiğimiz ders ve okul başarısı, meslek ve iş başarısı, aile başarısı ve yaşam başarısıyla ilgili olarak kendi gerçek niyetinizin ne olduğunu biliyor musunuz?

Çocuğunuz yaşam başarısı yönünde sağlıklı olarak ilerlerken ve hayatını yavaş yavaş sağlam temeller üzerine kurarken, onu, başarısını farklı gözlüklerle görüp farklı beklentiler içinde değerlendirerek başarısız görüyor olabilir misiniz? Birçok anababa bunu yapıyor.

Bu noktada anababa olarak çocuğunuzla ilgili niyetinizi ve başarı beklentinizi mutlaka açıklığa kavuşturun.

Aşağıdaki ifadeleri okuyun ve her bir ifadeyi okuduktan sonra, sizin düşüncenize ne kadar uyduğu üstüne düşünün:

1. Çocuğum okulunda başarılı olsun, üniversiteye girme hakkını kazansın, başka bir şey istemem. Burada söz konusu olan yalnız çocuğun değil, ailenin de haysiyeti. Üniversiteye girenler nasıl giriyorsa, benim çocuğum da üniversiteye girmeyi başarsın istiyorum. Üniversiteye girememiş bir çocuğun annesi/babası olmak istemem.
2. Çocuğumun üniversitenin herhangi bir bölümüne girip okumuş olması beni tatmin etmez. İnsanın para kazanabileceği, kolunda altın bilezik gibi bir mesleği, işi olması şart. Mesleği ve işi olmayan adama kimse saygı duymaz, mesleği olmayan insanın kendisine de saygısı olmaz. Çocuğumun her ne pahasına olursa olsun iyi bir iş sahibi olmasını isterim ve beklerim.

3. Çocuğumun mutlu bir evlilik yapmasını, bizim yakınımızda oturmasını, sık sık görüşerek aile bağlarının gevşemeden devam edip gitmesini isterim. İnşallah ilerde torunlarımız olacak, onlardan uzakta olmak, torun hasreti çekmek istemem. Benim için önemli olan, çocuğumun aileden uzaklaşmaması ve aile mutluluğunu yaşaması.
4. Çocuğumun kendi yaşamının patronu olmasını isterim. Onun yaşamını anlamlı görmesi, coşkulu olması ve kendini güçlü hissetmesi her şeyden önemli. Benim çocuğum benim beklentilerimi gerçekleştirmek için değil, kendi hayallerini keşfedip onları gerçekleştirmek için yaşamalı. Bütün istediğim, çocuğumun, "Benim yaşamım!" diyebileceği, anlamlı, coşkulu ve güçlü, içi dopdolu bir yaşamının olması.

Umarım yukarıdaki ifadeleri tekrar tekrar okuyarak üzerinde düşünme olanağı bulur ve değerlendirmenizi yaparsınız.

Bu ifadeler, sizin gönlünüzde yatan gerçek niyetinizi ve bu niyet üzerine inşa edilmiş beklentinizi keşfetmeniz için verilmiştir.

Yazılanları tekrar gözden geçirdiğinizde, göreceksiniz ki ilk üç ifade, sizin anababa olarak çocuğun yaşamı için çizdiğiniz bir rotayı ifade ediyor. Çocuğunuz, sizin beklentinizin aynısını gerçekleştirse bile, kendisinin değil, sizin beklentinizi yaşamış oluyor.

Böyle biri, kendi gözünde kendini başarılı görür mü?

Bu noktada geçenlerde internet yoluyla bana ulaşmış ve halen sahibini bulamadığım bir şiirsel yazıyı sizinle paylaşmak istiyorum.

Yaşamak İçin Zaman Kalmıyor!

Ölüm değil beni korkutan! Boş bir yaşamın ardından
varacağım yer olması sıkıyor canımı.
Nedir ki? Kırk yıllar, elli yıllar, billahi çok değil!
Hele hele çizilen bu yolda, bize hiç gelir. Ne beklersin
yaşamdan Çorbacı?!

Ne bekler yaşam senden?
İkiniz de tüketirsiniz hoyratça zamanı,
işte geride kalanlar sıkar canımı.

Yedi yaşında başlarsın okula, sayma ondan öncesini.
Sonra, yıllar yılı gider gelirsin, karatahtalı değirmene,
berrak zamanını öğütmek için.
Yirmi iki civarı alırken diplomanı,
tüketivermişsindir üçte birlik zamanını...
"Diploma yetmeez!!" diyor Topal Şarapçı;
"İyi bir iş bul gel hele bakalım!
"Askerliğini de yap bir de, sonra evlen bakalım."
İşte bir on yıl daha uçuveriyor ansızın.
Yaş oluveriyor otuz beş!

Gerçekten yarısı mıdır yolun?! Belki de yarısından da yakın,
geriye bakma sakın küheylan!
Kopuverir zincirleri yaşamın, bir iplik gibi ansızın.
"Hele bir borçlarımızı ödeyelim, sonra daha iyi yaşarız.
"Şimdilik biraz sabır" diyor
karım Nazife!

"Hele bir başımızı sokacak yuva olsun da, gerisi kolay"
diyor.
Eee... bu da doğru hani... İşte böyle yitiyor hep
on seneler, eriyen buzlar misali.
Karım, çocuklarım, kooperatif başkanım, yardımcım,
tek tük arkadaşlarım... ve...TV'deki haber spikeri!
Bu kadar çevremdekiler.
Bunlara bakıyor yıllardır gözlerim. İşte bu yüzdendir ki, "Miyopsun!" diyor doktorum. "Tak gözüne iki numara..."

Ellinci yaş günümü, kimse fark etmiyor bile.

Ufaklığın diploma töreni var. Ne biçim alışveriş bu? Anlayamadım gitti!
Yapmak istediğim birçok şey, özlem kapısında yitti...

Hırs ile mutfağa, ne varsa atıştırmak için,
sıcacık bir el tutuyor elimi
"Perhiz yapmalısın artık!" diyor
Karım Nazife.
Eee... doğru da söylüyor hani.
Kalan on yılımın birkaç yılı hastalıkla geçiyor.
Gerisi de torunların peşinde.
Eee, "Ulan hani yaşayacaktık!!!" diye bağırıyorum.
"Sakin ol! Tansiyonun yükselecek" diyor karım Nazife.
Eee. Doğru da söylüyor hani.
Nedir yaşamın kısırdöngüsü anlayamadım gitti.

"İyi yaşadık, hoş yaşadık" diyor karım Nazife
"Patronların da pek severlerdi, çok da çalışırdın hani.
"Bak her şeyimiz var, büyüdü sayılır çocuklar da,
"daralacak ne derdin var?
"Haydi neşelen artık."
Eee.. Doğru da söylüyor hani, bir karı, birkaç çocuk,
bir ev ve araba, işte yaşamın bilançosu...

Hayır hayır! Korkuyorum ölümden!!
Boşa geçen bir yaşamın ardından nasıl gidilir oraya?!
Özgürce çizmeliydim yaşamımı zor da olsa,
özgürce ulaşmalıydım sona.
Yalnızlıkla yaşansa... kanaviçe gibi dokumalıydım,
güzellikleri, gizemleri.
Ter basıyor fırlıyorum yataktan.
"Dönüp durma" diyor, karım Nazife, yarı uykulu
"Sıkıca örtün de uyu"

Tüketmek için bunca acele ettiğimiz
takvim yapraklarına...
Onca hızla çevirdiğimiz akreplere yelkovanlara...
İçine gönüllü daldığınız o insafsız rutin çarka...
Şöyle bir uzaktan baktığınızda, ne hissediyorsunuz?
"Ne kadarı benim hayatım" diye soruyor musunuz?

"Ne kadarını başkaları yaşamış benim yerime? Ya da
"Ben başkalarının?
"Aynadakinin ne kadarı benim, ne kadarı oynadıklarım?..."
(...)

Çocuğunuz yerine siz mi yaşıyorsunuz? Ya da o mu yaşıyor sizin beklentilerinizi? Çocuğunuz aynaya baktığı zaman ne kadarı kendisi?

Ancak dördüncü ifadede sizin çocuğunuz evrendeki tekliği içinde varoluşunu yakalıyor. Bu ifadede siz de varsınız; ama onun yaşamını programlayan biri olarak değil, onun hayallerini keşfederek gerçekleştirmesine destek olacak bir dost olarak. Aradaki fark çok büyük!

Anababa olarak kendinizi çocuğunuzun yaşamının programcısı olarak görüyorsanız, bu kitap size pek yararlı olmayacaktır.

Çünkü bu kitapta, "Çocuğunuzun yaşamını nasıl daha iyi programlayabilirsiniz"i anlatmıyorum.

Ama 'Çocuğunuzun kendi yaşamının mimarı olmasında ona yardımcı olmak' istiyorsanız, bu kitap size yardımcı olabilir!

Devam edelim!

4

Yaşam Başarısının Temelleri: Bilgi ve Beceriler

Sorumluluğun bilincinde olmak,
bilgiye götürür.

Özgür bir insan olarak kendi yaşamını yaşayabilmek, hemen her insanın istediği, ama pek az insanın başarabildiği bir hedeftir.

Demek ki, "Özgür ve anlamlı, coşkulu, güçlü yaşayalım!" demek, buna sadece niyet etmek, bunu istemek yetmiyor. Durumu iyice kavrayabilmek için araba sürme örneğine geri dönmek istiyorum.

Şoförün 'A' noktasından 'B' noktasına gitme niyeti kendi başına yeterli değil; kişinin direksiyonun başına oturması gerekiyor.

Nihat Bey'in oğlu Timuçin'in, kendi yaşamının direksiyonunun başına geçmesi gerekiyor. Şu anda araba Timuçin'in, ama direksiyonun başında babası Nihat Bey var.

Şöyle bir durum düşünün: Adamın arabası var, ama bu kişi arabasının direksiyonuna oturamıyor; bir başkası direksiyona oturuyor ve direksiyona oturan kişi arabayı kendi istediği yöne götürmek istiyor.

KENDİ YAŞAMINI YÖNETME SORUMLULUĞUNUN BİLİNCİNE VARMAK

Bu benzetmeden ilk öğrendiğimiz şey şu oluyor: Sınava hazırlanan çocuğumuzun, yaşamının direksiyonunda kendisinin oturduğunu hissetmesi gerekiyor. Bir genç, yaşamının direksiyonunda kendisinin oturduğunu hissetmediği sürece, istekle ve şevkle derslerine çalışmayacaktır. Sizin istemeniz, onu şevklendirmeye çalışmanız, zorlamanız, tehdit etmeniz, hediyeler vaat etmeniz, taşıma suyla değirmen döndürmeye benzer. Onun, yaşamının direksiyonuna kendisinin oturması ve yaşamının sorumluluğunun kendisinde olduğunun bilincine varması gerekiyor.

Çocuğunuzun, "Bu benim yaşamım ve benim yaşamımın sorumluluğu bende!" bilincine varması kolay değil; ama çocuğunuzla ilişkinizde başarabileceğiniz en önemli ilk adım budur.

Bu ilk adımı gerçekleştirmekte iki zorlukla karşılaşabilirsiniz; bu zorluklardan biri siz anababalardan, diğeri de çocuklardan kaynaklanabilir.

1. Şimdiye kadar çocuğunuzu sürekli denetlemeye ve yönlendirmeye alışmış anne ve babalardan biri iseniz, çocuğunuzun kendi yaşamının direksiyonuna oturması fikrini kuşkuyla, korkuyla ve güvensizlikle karşılarsınız. "O daha küçücük çocuk, nereden bilsin neyi isteyip istemediğini! Nereden bilsin onun için neyin iyi, neyin kötü olduğunu!" dersiniz.
2. İkinci zorluk, çocuğunuzdan gelebilir. Çocuğunuz, yaşamının direksiyonunda kendisinin değil, sizin kalmanızı isteyebilir.

Belki bu ikinci ifade bazı anababaları şaşırtacaktır, çünkü şimdiye kadar hep çocuklarının kendilerinden daha çok bağımsızlık istediği izlenimini elde etmişlerdir; gerçekten de çocuk böyle bir bağımsızlık mücadelesi içinde olmuştur ve anababanın her dediğine itiraz etmiştir; yapmışsa bile onların isteklerini gönülsüz ve isteksiz yerine getirmiştir.

İtiraz etmek, gönülsüz yapmak başka şeydir, yaşamının direksiyonunun sorumluluğunu almak istemek başka şeydir! Çocuğunuz ikisi arasındaki farkı sezgisel olarak bilir.

Şimdi size iki aile tanıtacağım. Bunlardan birine çocuğun gelişimini 'Köstekleyen Aile', diğerine de 'Destekleyen Aile' diyeceğim.

'Köstekleyen Aile'de 5 yaşındaki Sumru'nun önüne annesi dört köfte koyar ve "Haydi ye!" der. Sumru iki köfte yedikten sonra annesine doyduğunu söyler. Annesi, "Hayır doymadın, iki köfteyle doyulur muymuş? Tabağındaki bütün köfteleri bitireceksin!" der. Sumru, "Anne çok doydum, yiyemeyeceğim," dediğinde annesi, "Bak yemiyorsun. Zayıflayacaksın, hasta olacaksın, seni doktora götürecek paramız yok. Hepsini ye, bitir! Bitirmeden bu sofradan kalkmayacaksın!" diye yanıt verir.

'Köstekleyen Aile'de küçük Sumru kendi yaşamının direksiyonunda değildir; kendi yaşamının direksiyonuna geçmesi kösteklenmiştir. Annesi açık seçik söylemese dahi, ona güçlü bir mesaj vermektedir. Bu mesaj şudur: "Sen doyup doymadığını kendin bilemezsin; ben bilirim. İçinden gelen duygu ve düşüncelere inanma; benim dediğimi yap, gerisine karışma. Yaşamının direksiyonunda ben varım ve böyle olması gerekiyor."

Bu aile ortamında Sumru dışarı çıkıp oynamak istediği zaman annesi ona, "Hırkanı giy!" demiştir. Sumru, "Anne üşümüyorum, hava sıcak," dediğinde, "Sana hırkanı giy dedim, hırkanı giymezsen seni dışarı bırakmam!" diye yanıt vermiştir.

Bu etkileşimin de mesajı aynıdır: "Sen üşüyüp üşümeyeceğini bilemezsin, ben bilirim. İçinden gelen duygu ve düşüncelere inanma; benim dediğimi yap, gerisine karışma. Yaşamının direksiyonunda ben varım ve böyle olması gerekiyor."

Hayatında böyle binlerce etkileşim yer aldıktan sonra Sumru, annesinin, babasının ve diğer büyüklerinin, "Sen bilmezsin, büyükler bilir!" mesajına gerçekten inanır ve ömür boyu bir başkası tarafından yönetilmeyi bekler hale gelir. Artık kendi yaşamı için karar vermekten aciz hale getirilmiştir. Kendi yaşamının direksiyonunda oturamayacağını ve oturmaması gerektiğini kabul eder.

Anne ve baba, çocuk ne zaman kendisi direksiyona geçmeye çalışsa onunla öyle bir etkileşim kurarlar ki, bu etkileşimlerin sonunda çocuk şunları düşünmek zorunda kalır:

- Benim, kendi yaşamımın direksiyonunda oturma yetkinliğim yok.
- Kendi yaşamımın direksiyonuna oturmayı düşündüğüm ve çabaladığım zaman, kendini bilmez şekilde davranıyorum ve annemi babamı üzüyorum.
- Onlar benim iyiliğimi isteyen, beni seven insanlar ve benim iyiliğim için benim yaşamımın direksiyonunu ellerinde tutuyorlar.
- Eğer ben iyi ve akıllı bir çocuksam hiç itiraz etmeden onların benim yaşamımı yönetmelerini kabul ederim ve benim yaşamımın direksiyonunda oldukları için onlara minnettar olmayı öğrenirim.
- Aslında benim yaşamımda neler olup bittiğini, ben değil annem babam bilir.

Bir zamanlar çok popüler olmuş bir televizyon programında yine çok popüler olmuş bir anne oğluna, "Âşık olunca ben sana söylerim!" demişti.

Sözünü ettiğim çok popüler televizyon programında çok popüler olmuş anne, oğlunun, kendi yaşamını yönetmeye yetkin olmadığını tüm Türkiye'nin gözü önünde sergilemişti. Her zaman olduğu gibi anne yine haklıydı; televizyon programının bitiminden aylar sonra gazeteler 'annenin oğlu'nun aşırı dozda uyuşturucudan komaya girip öldüğünü yazdılar. Komaya girerek öldüğünde, yanında, ona neyi, ne kadar ve nasıl yapması gerektiğini söyleyegelen annesi yoktu.

Sumru büyüyüp üniversite sınavlarına hazırlanırken bu kitabı annesi okusa ve kızını kendi yaşamının direksiyonuna oturtmaya kalksa –ki böyle bir annenin bu kitabı okuyarak böyle bir karar alacağını hiç sanmıyorum– bu pek kolay olmayacaktır. Kız, şimdiye kadar verilmemiş olan 'kendi yaşamı için karar verme sorumluluğu'nu kolayca kabul etmek istemeyecektir. Ve annesinin babasının Sumru'dan, kendi yaşamının direksiyonuna geçmesini istemelerinin içtenliğine kolayca inanmayacaktır. Yaşamının direksiyonuna geçmeyi düşündüğünde kendini buna hazır ve yetkin hissetmeyeceği gibi, anne ve babasına karşı nankörlük yapmış gibi suçluluk da hissedecektir.

Diğer yandan Pınar, çocuğun gelişimini 'Destekleyen Aile' ortamında büyümektedir. Pınar önüne konan köftelerden ikisini yedikten sonra annesine doyduğunu söylediğinde, annesi, "Peki kızım," der ve Pınar bilir ki, bir sonraki yemek saatine kadar ıvır zıvır yeme hakkı yoktur. Yemek, zamanı gelince yenir ve bu, ailede birlikte yapılan bir iştir. Bu ailede, hiç kimse, her istediğini istediği zaman yiyemez. Pınar ne kadar yiyeceğine karar vermekte serbesttir; ama yemek yenirken bu ailenin üyesi olduğu ve bu ailenin üyesi olmanın getirdiği sorumlulukları bulunduğu, ona sevgiyle ve açık seçik anlatılmıştır.

Bir kişi arabasının direksiyonuna oturduğu zaman, aklına geldiği gibi araba kullanamaz; uyması gereken trafik kuralları vardır. Trafik kuralları, hem sürücüyü hem de yoldaki diğer insanları korumak için vardır. Küçük Pınar, kendi yaşamının direksiyonundadır; ama direksiyonda olmanın her istediğini aklına geldiği gibi yapmak olmadığını da bilmektedir. Kendi yaşamının direksiyonunda olmanın bir sorumluluğu vardır ve Pınar'dan, bu sorumluluğun bilincine varması beklenir. Aynen şoförün, direksiyonun başına oturmasının bir sorumluluğu olduğunu bilmesi ve ondan, bu sorumluluğun bilincine varmasının beklenmesi gibi.

SORUMLULUĞUN BİLİNCİNDE OLMAK BİLGİYE GÖTÜRÜR

Bir şoför arabanın direksiyonuna bilinçli olarak geçtiğinde, arabayı varılacak yere götürmek için bir sorumluluk almıştır ve onun, bu sorumluluğu yerine getirmek için bazı bilgilere gereksinimi vardır. Nelerdir bu bilgiler?

Kullandığı aracı, aracın çalışması ve kullanımıyla ilgili bir dizi bilgiye vâkıf olmak durumundadır; arabanın direksiyonunu, debriyajını, gaz pedalını, frenini, sileceklerini, arabanın içindeki göstergelerin ne anlama geldiğini bilmelidir. Arabanın benzini var mı, arabanın lastikleri sağlam mı? Çünkü yolda benzini bitebilir, lastiği patlayabilir; yani çok zor durumlarda kalabilir.

Bir şoför direksiyona geçtiğinde, nereye gitmek istediğini de bilmelidir. Nereye gideceğini bilmez ve arabayı gelişigüzel kullanırsa hiç aklında hayalinde olmayan bilmediği yerlere gidebilir.

Gideceği yeri biliyorsa, o zaman oraya nasıl gidileceğini de bilmek durumundadır. Bunun için ya bir haritaya sahip olmalıdır veya o yolu bilen birini yanına almalı ya da yola çıkmadan yolun tarifini almalıdır. Haritayı alacaksa, haritaya bakmasını bilmeli veya bilen birinden yardım almalıdır.

Nihat Bey'in oğlu Timuçin, üniversite giriş sınavına hazırlanmak için bilinçli olarak çalışma masasının başına oturduğunda, durumu, bir yere gitmek için arabasının direksiyonuna geçen bir şoförden pek farklı değildir. Onun da bazı bilgilere gereksinmesi vardır. Nelerdir bu bilgiler?

Timuçin'in kullanacağı araç kendi beynidir. Timuçin beynini tanımalı ve beyninin nasıl çalıştığını bilmelidir. Birazdan insan beyninin nasıl çalıştığını öz olarak anlatacağım; ama şimdi şunları belirteyim: Arabanın benzini olmazsa çalışmaz. İnsan beyni de bir hedefe ulaşma isteği ve coşkusu yoksa görevini gereği gibi yapamaz. Ayrıca, arabanın motorunun ve lastiğinin sağlam olması gerektiği gibi bedenin de sağlıklı olması gerekir; bedenin, sağlıklı yiyecekle beslenmesi ve yeterli uyku alması gerekir.

Timuçin'in nereye gitmek istediğini bilmesi gerekir; bir hedefi olmalıdır. 'Kendisine çalışma isteği ve şevki verecek bir hedefi Timuçin nasıl belirler?'sorusuna daha sonra dönmek istiyorum. Şimdi önce beynimiz nasıl çalışıyor, kısaca bu önemli konuya bir göz atalım.

İNSAN BEYNİ NASIL ÇALIŞIR?

Bilgisayar kullanan biriyseniz, bilgisayarın iki kademeli olarak çalıştığını biliyorsunuzdur. Bilgisayarda yazılanların kaydedilinceye kadar kaldığı bir önbellek vardır. Bu, teknik olarak Hızlı Ulaşım Belleği anlamına gelen **R**apid **A**ccess **M**emory kelimelerinin baş harflerinden oluşan **RAM** kelimesiyle gösterilir. Bu, önbelleğin kapasitesi küçüktür. Bir süre yazdıktan sonra yazdıklarınızı 'kaydet' komutuyla sürekli belleğe aktarırsınız. Sürekli bellek kapasitesi, genellikle önbelleğin kapasitesinden yüzlerce hatta binlerce defa daha büyüktür. Sürekli belleğe kaydedilen bilgi, sizin ulaşmanız için orada bekler.

İnsan beyni de aynı bir bilgisayar gibi iki kademeli olarak çalışır; beynin önbelleğine 'Kısa Süreli Bellek' adı verilir.

İnsan bir şey okurken ya da dinlerken, okuduklarını ya da dinlediklerini kısa bir süre için bu Kısa Süreli Bellek'te tutar. Ne kadar süre için tutar? Bir saniyeden daha kısa bir süredir bu. Saniyenin binde birine milisaniye dersek, duyduğumuz, gördüğümüz, okuduğumuz şeyleri, ancak 2 ile 400 milisaniye arasında Kısa Süreli Bellek'te tutabiliyoruz. Bu, çok düşük bir süredir ve o nedenle çok özenle kullanılması gerekir.

Kısa Süreli Bellek'te bilginin ne kadarını tutabiliriz? Bu belleğin kapasitesi çok düşüktür. Aklınızı karıştırmamak için pek ayrıntılarına girmiyorum. Sadece şunu söylemek istiyorum: 'bit' türünden ifade edilen bilgi ölçüm birimiyle, Kısa Süreli Bellek'in kapasitesi ortalama 7 'bit'tir.

Uzun Süreli Bellek ise kendisine aktarılmış bilgileri bir ömür boyu saklayabiliyor. Peki, Uzun Süreli Bellek'in kapasitesi ne kadar? Kısa Süreli Bellek'le karşılaştırılamayacak kadar büyük. Kısa Süreli Bellek'in kapasitesini, bir kahve fincanı olarak düşünürseniz, Uzun Süreli Bellek'in kapasitesini dünyamızdaki tüm okyanusların, göllerin suyunu alacak kadar büyüklükte bir su deposu olarak düşünebilirsiniz.

Burada size, beynin bilgi işlem kapasitesiyle ilgili kısaca bilgi

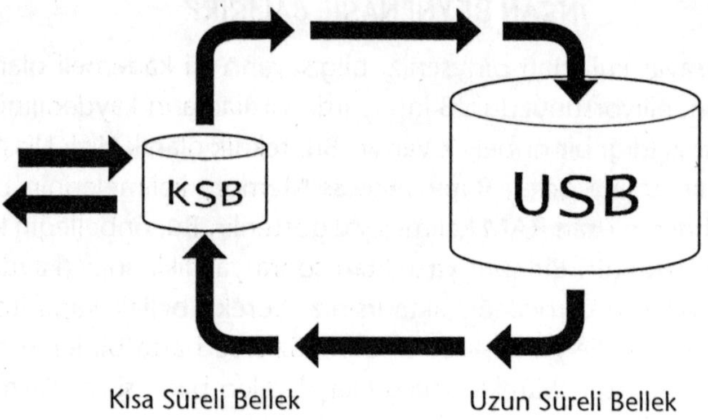

vermek istiyorum. Beyinde, 100 milyarın üstünde, 'nöron' adı verilen sinir hücresi bulunmaktadır. Nöronların boyları farklı farklıdır. Her bir sinir hücresi, diğer sinir hücreleriyle, oluşturduğu kavşaklar yoluyla ilişki kurar; bu sinir hücresi kavşaklarına 'sinaps' adı verilir. Sinapslar, öğrenmenin temelini oluşturur.(2)

Her bir sinir hücresi, ortalama 120 bin dolayında sinaps oluşturur ve 100 milyarın üstündeki sinir hücresinin tümünün oluşturduğu sinir kavşaklarının, yani sinapsların sayısı 1026'dır. Yani kısaltmadan yazarsak 10 sayısının arkasına 26 tane sıfır koyarak şöyle yazmamız gerekir:

1000.000.000.000.000.000.000.000.000.

Böyle bir sayı kelimeye nasıl dökülür, ben bilmiyorum.

Bir matematikçi, "İnsanın sinir sistemindeki sinapsların hepsini saymaya kalksak ve sayma hızımız saniyede iki sinaps olsa, 37 milyon yıla gereksinmemiz olur!" diyor.

Bir bilgisayar uzmanı, "Beynin sinaps kapasitesini bir bilgisayarda aynen kopyalamaya kalksak, en ufak çipleri bile kullansak, oluşturacağımız bilgisayar, yerküresinden daha büyük olur!" diyor.

Her çocuk gibi Sumru ve Pınar da bu muhteşem kapasiteyle doğdular. Bu, inancınıza göre ister Tanrı, ister doğa tarafından verilen deyin, bu kapasite nedeniyle insanoğlunun donanım şekli eşi benzeri bulunmayan zenginliktedir.

Evet, bilgisayarın donanımı gibi bizim sinir sistemimizin de böyle bir donanımı var. Bilgisayarların bir de 'yazılım' kısmı var. Bilgisayarın donanımını, değişik işlem programları yükleyerek kullanabilirsiniz; bu programlar sayesinde yazı yazabilir, grafik çizebilir, sunumlar hazırlayabilirsiniz. Peki, bizim beynimizin programları da var mı? Şimdi de bunu görelim:

ÖĞRENMEYE VE KEŞFETMEYE PROGRAMLANMIŞ OLARAK DOĞARIZ

Bir bilim adamı olarak kanaatim odur ki, biz insanlar kesinlikle belirgin bazı programlarla donatılmış olarak doğuyoruz. En belirgin gözlemlediklerimden biri, 'merak etmek ve keşfetmek programı.' Ne demek istediğimi, çevresinde küçük çocuklar bulunmuş herkes bilir. Çocuk daha konuşmadan, gözleriyle soru sormaya başlar. Konuşmasına başlamasıyla birlikte sorular söze dökülür. Bunlar, önce tanıma sorularıdır: "Bu ne?", "Şu ne?" Daha sonra sebep sonuç soruları sormaya başlar: "O niye düştü?", "Adam niye bağırdı?"

Her çocuk, potansiyel bir filozof ve bilim adamı olarak doğar. Ama bu potansiyel çok kırılgandır; beslenip korunmazsa altı-yedi yaşında sönmeye ve kırılmaya başlar.

'Köstekleyen Aile' ortamında büyüyen Sumru, altı-yedi yaşında soru sormamayı öğrenmeye başlayacak, kendi özüne güvenini kaybedecek ve kendi yaşamının direksiyonuna başka birinin oturmasını doğal karşılamaya başlayacaktır. Böyle bir aile ortamında yetişen Sumru, evlenince, yaşamının direksiyonuna kocasının oturmasını ister ve bekler. Daha sonra Sumru'nun çocuğu olduğunda, Sumru da kocasıyla beraber yeni doğan bebeğinin yaşamının direksiyonuna geçer. Ve böylece ilginç bir kuşaklararası aktarım dizisi oluşur: Gönlünce yaşayamadan çocuklarının yaşamını yönetme durumunda olan anababalar kuşağı. Şaşkın, mutsuz, ne yapacağını bilmeyen, çocuklarının başarılı olmasını isteyen, bunu başarmak için çocuklarını daha çok ezen, baskı altına alan, öfkeli anneler ve babalar.

'Destekleyen Aile' ortamında büyüyen Pınar, soru sorarak ve sorularına yanıt alarak kendini ve dünyayı keşfetmeye başlayacak, bu süreç içinde özgüveni ve özsaygısı gelişecek ve farkına varmadan yaşamının direksiyonunda olmanın sorumluluğunu almaya başlayacaktır.

Hepimiz bir potansiyelle doğuyoruz! Sorun, hangi ortamda yetiştiğimizde yatıyor. Gelişmeyi 'Köstekleyen Aile' ortamında, çocuğun insan olarak getirdiği donanım ve yazılımla ilgili koyu bir cehalet ve onun potansiyeline saygısızlık vardır. Anababa çocuğu kendilerine benzetmek için onu kalıplamaya çalışır; çocuğun kendine özgü yeteneklerini görmez bile.

Gelişmeyi 'Destekleyen Aile' ortamında, çocuğun insan olarak getirdiği donanım ve yazılımla ilgili bilgi ve çocuğun getirdiği potansiyele ilgi, hayranlık ve saygı vardır. Anababa çocuğu kendi yetenekleri ve ilgisi yönünde geliştirmek ister.

Şimdi gelelim beynin çalışma tarzına. Biri ders çalışmak için masasına oturduğu zaman, okuduğu, duyduğu, gördüğü bilgileri Kısa Süreli Bellek'te 2 ile 400 milisaniyelik süre içinde kümeler ve bu bilgileri ve Uzun Süreli Bellek'e gönderir. Kısa Süreli Bellek'in kapasitesini ne kadar etkili biçimde kullanırsa bilgi, o denli etkili biçimde Uzun Süreli Bellek'te arşivlenir. Çocuk da, sınav zamanı gelince, Uzun Süreli Bellek'te arşivlenmiş olan bilgiyle sınavda sorulmuş soruları yanıtlar.

ÇOK ÇALIŞMAK MI, ETKİLİ VE VERİMLİ ÇALIŞMAK MI?

Çok çalışmak demek, etkili ve verimli çalışmak demek değildir. Etkili ve verimli çalışmak, bilinçli bir biçimde çalışmayı gerektirir. Bir örnekle ikisi arasındaki farkı açıklayayım:

İki zengin düşünün; bunların her ikisi de bulundukları kente bir kitaplık armağan etmek istiyor. Paraları ve güçleri, istedikleri büyüklükte bir kitaplık açılmasına olanak sağlıyor. Kolları sıvayıp işe koyuluyorlar. Önce, gelin bu kişilere birer isim verelim: Birinin adı 'Bay Çok Çalışan' diğerinin adı da 'Bay Etkili Çalışan' olsun.

'Bay Çok Çalışan', şehrin ulaşılabilir güzel bir semtinde büyük bir arazi üstüne çok büyük bir kitaplık binası inşa ettiriyor ve güçlü bir bütçe ayırarak kitap alımlarına başlıyor. Diyelim, yeni Türk alfabesinin kabulünden sonra Türkiye'de çıkan bütün kitapları toplamaya başlıyor.

'Bay Etkili Çalışan' da kentin yine gözde olan başka bir semtinde, yine büyük bir arazi üstüne büyük bir kitaplık inşa ettiriyor ve o da kitap alımı için yüklü bir para harcayarak yeni Türk alfabesinin kabulünden sonra çıkan bütün kitapları topluyor.

'Bay Çok Çalışan', kitaplığı öbür kişiden daha önce bitirip hizmete sunmak için geceli gündüzlü insanları çalıştırıyor ve inşaatı erkenden bitiriyor. Kamyonlar dolusu kitaplar geceli gündüzlü taşınarak kitaplığın raflarına diziliyor ve gerçekten de öbür kitaplıktan önce kentlilerin hizmetine açılıyor.

Kentliler kitaplıktan kitap almak için geldiklerinde, kitaplık görevlileri kitabı bulmakta büyük zorluklar çekiyorlar. Kitaplar kamyonlarla gelip raflara yerleştirilirken herhangi bir düzene uyulmamış olduğu için, istenen kitabı bulmak tamamen tesadüflere kalmış oluyor. Bir kitabı bulmak bazen günler hatta haftalar aldığı için kentli yavaş yavaş bu kitaplığa gitmekten vazgeçiyor ve öbür kitaplığın açılmasını beklemeye başlıyor.

'Bay Etkili Çalışan', kitaplar yerleştirilirken her kitabın belirli bir düzen içinde sisteme kaydını geçiriyor; böylece kitabın yazarı, yayınevi, basıldığı yıl, hangi konuda olduğu, kaç bölümden oluştuğu ve kaç sayfa olduğu kitaplık sistemine kaydediliyor. Ancak bu kayıttan sonra kitaplar konularına göre belirlenmiş raflara konuluyor.

Kitapların kaydı tamamlanıp raflara konulduktan sonra 'Bay Etkili Çalışan' kitaplığını kentlilerin hizmetine açıyor. Kitaplıktan kitap almak için gelen biri kitabın ya da yazarın adını verince kitap hemen bulunuyor. Belirli bir konuda kitapları incelemek istediğini söyleyen olduğu zaman da görevliler onlara yardımcı olabiliyor. Bir süre sonra kitaplığa gitmek isteyenler çoğaldığında da 'Bay Etkili Çalışan'ın kitaplığı daha da işlevsel hale geliyor. 'Bay Çok Çalışan'ın kitaplığı ise o kadar emek ve paraya rağmen, işlevsiz kaldığından başarısız oluyor.

'Bay Çok Çalışan' nerede hata yaptı? Çok çalışmak isteyen öğrencilerin yaptığı hatanın aynısını yaptı!

Kamyon kamyon gelen kitaplar önce kitaplığın önişlem ofisine geldiler; bu, beynin Kısa Süreli Bellek'i demektir. 'Bay Çok Çalışan' önişlem ofisinde çalışanlara, "Gelen kitapları depoya çabucak aktarın!" dedi ve onlar da gelen kitapları süratle depodaki raflara aktardılar. Ama bir düzen yoktu.

Öğrenci de okuduğu bilgiyi, öğreneyim diye hemen ezberlemeye, olduğu gibi Uzun Süreli Bellek'e aktarmaya çalışır.

'Bay Etkili Çalışan' ise kamyon dolusu gelen her bir kitaba, önişlem ofisinde teker teker emek verilmesini istedi. Kitaplar sınıflanacak, her biri gözden geçirilecek ve sistem içinde yerini ve anlamını bulduktan sonra depodaki rafa gidecekti. Öyle yaptılar.

Kentlinin kitaplığa gelip kitap istemesi, sınav zamanını gösterir. Kitaplığa gelip her kitap isteyen, sınavdaki her bir soru gibidir. Öğrenci sorunun kendisinden ne istediğini anladığı zaman, han-

"Bay Çok Çalışan" *"Bay Etkili Çalışan"*

gi kitabın istendiğini bilen bir kitaplık görevlisi gibidir. Eğer kitaplık bir düzen içinde kurulmuşsa, istenen kitabı hemen bulabilirsiniz. Eğer öğrenci etkili ve verimli bir biçimde çalışmışsa, sorunun yanıtını oluşturan bilgiyi hemen bulabilir. Böyle bir düzen yoksa sorunun yanıtını bulması tesadüflere kalmıştır ve bildiğiniz gibi hiçbir başarı tesadüf değildir.

Demek ki kitaplığın başarısı, o kitaplığın önişlem ofisinin daha kitaplık kurulurken nasıl çalıştığına bağlı. Bir öğrencinin de sınavdaki başarısı, derse çalışırken Kısa Süreli Bellek'ini nasıl kullandığına bağlıdır. Kısa Süreli Bellek'i nasıl kullanacağını bilmek, başarının sırrıdır.

O zaman akla şu soru geliyor: Bir öğrenci ders çalışırken ve sınav zamanında Kısa Süreli Bellek'ini etkili bir biçimde nasıl kullanabilir?

Bu sorunun yanıtını araştırırken karşımıza iki temel boyut çıkar:

1. Birinci boyut, ders çalışırken konunun nasıl çalışılacağı ve inceleneceğiyle ilgilidir. (Ders çalışma stratejisinden ancak kısaca söz edeceğim; çünkü bu kitap anne ve babalar için yazılmıştır, sınava girecek öğrenciler için değil.)
2. İkinci boyut, doğrudan anababaları ilgilendirir: Kısa Süreli Bellek'i tam kapasiteyle çalışmaya hazır tutmak.

DERS ÇALIŞMA STRATEJİLERİ

Öğrencileri ilgilendiren ders çalışma stratejilerinden, yukarıda belirttiğim gibi, çok kısa olarak söz edeceğim. Etkili ve verimli ders çalışma stratejisi olarak kısaca şunları söyleyebilirim:

1. Öğrenci, neyi niçin öğrenmek istediğini iyice düşünsün ve bu konuda açık seçik bir fikri olsun. "Ben 'ne' çalışıyorum ve 'niçin' çalışıyorum?" sorusunun yanıtını açık seçik bilsin. Niçin çalışacağına ve ne çalışacağına karar vermiş bir öğrenci, şu sorulara kendi kafasında yanıt bulmuştur:

- Ne zaman çalışmalıyım?
- Ne kadar çalışmalıyım?
- Nereden, yani hangi kaynakları kullanarak çalışmalıyım?
- Nasıl çalışmalıyım?
- Hangi aralıklarla tekrarlamalıyım?

Bu soruların yanıtını onun için siz verirseniz hiçbir işe yaramaz. (Unutmayın, taşıma suyla değirmen dönmez!) Bu soruların yanıtlarını onun kendisinin bulması gerekir. Siz sadece yardımcı olabilirsiniz.

2. Okuduğu her konunun anlamını kavrasın. Çalışma, konu odaklı olmalı; başka bir ifadeyle öğrenci aynı konuyu üç-dört farklı kitaptan okumalı ve o konunun farklı boyutlardaki ayrıntılarını öğrenmeli. Bazı öğrenciler, aynı konu elindeki birkaç kitapta birden işlendiği halde önce birini alır, baştan sona okur, bitirir. Daha sonra ikinci kitabı alır, baştan sona okur, bitirir ve böylece üç-dört kitabın her birini teker teker okur. Bu, verimli bir çalışma yolu değildir. Çünkü böyle olduğunda, konunun farklı boyutlarının ayrıntılarını kavrayamaz.

   Aynı konuyu değişik kitaplardan çalışmak daha verimlidir. Her bir konuyu, bir kitabın kitaplıkta arşivlenmesi gibi düşünmek ve böylece okuduğunun anlamını kavramak gerekir. Hatırlatalım, her bir kitap, kitaplığın önişlem ofisinde çok değişik boyutlarda kodlanmakta ve arşivlenmekteydi: yazarın adı, kitabın adı, yayınevinin adı, basıldığı yıl, kitabın konusu, kaç bölümden ve kaç sayfadan oluştuğu gibi.

3. Daha önce arşivlediği ve depoladığı bilgilerin orada olup olmadığını ara sıra yoklasın.

4. Yeni bir konuya başlamadan önce, bu konudan önce gelen temel kavramları şöyle bir gözden geçirsin ve şimdi öğrenmekte oldukları ile daha önce öğrendikleri arasında ilişki kursun.

KISA SÜRELİ BELLEK'İN TAM KAPASİTEYLE KULLANILMASI

Şimdi gelelim anababayı ilgilendiren kısma: Kısa Süreli Bellek'i tam kapasiteyle kullanabilmek, işin en önemli yönü; çoğu anababa, bunun ne kadar önemli olduğunun farkında bile değildir. Çok kısa zaman dilimi içinde çok süratli çalışan Kısa Süreli Bellek, öğrenirken ve sınavda sorulara yanıt verirken mutlaka kullanmak zorunda olduğumuz bir şey. Kısa Süreli Bellek olmadan gördüğümüze, işittiğimize, okuduğumuza, hiçbir şeye anlam veremeyiz. Sınavda hiçbir sorunun yanıtını doğrudan Uzun Süreli Bellek'ten alıp sınav kâğıdına aktaramayız; mutlaka Kısa Süreli Bellek'i kullanmamız gerekir. O nedenle Kısa Süreli Bellek'i tam kapasiteyle kullanmak, etkili çalışmanın vazgeçilmez koşuludur.

Kısa Süreli Bellek'in kapasitesini düşüren ve bu nedenle etkili ve verimli çalışmayı engelleyen en temel etmenler kaygı, stres ve paniktir. Önce şunu belirtmek istiyorum: Bir dereceye kadar kaygılı olmak, stres hissetmek kişiyi dikkatli bir şekilde çalışmaya hazırlar. Buna, dinamik gerilim ya da yaratıcı stres adı verilir. Bir vizyon belirlemenin yol açtığı stres, o vizyonu önemsemekten oluşan kaygı, kişi kendine güveniyor ve inanıyorsa onu eyleme geçirir ve başarıya götürür. Ama kişi kendini çok baskı altında hissediyorsa, o zaman verimli ve etkili çalışma yeteneklerini kaybetmeye başlar.

Anne baba olarak, çocuğunuzun kaygı, stres ve panikten zarar görmesine engel olabilirsiniz. Bu üç önemli noktaya kısaca bir göz atalım:

Kaygı

Kısa Süreli Bellek'in kapasitesini etkileyen en belirgin etmenlerden biri kaygıdır. Kaygı ne kadar büyükse, Kısa Süreli Bellek'in kapasitesinden o kadar çok pay alır. Nihat Bey'in oğlu Timuçin ne kadar kaygılı ise, dersin başına oturduğu zaman Kısa Süreli Bellek'ini o derece verimsiz kullanacaktır. Niçin? Çünkü kaygı, Kısa Süreli Bellek'te sürekli kalır ve onu meşgul eder.

Örneğin Nihat Bey, oğlu Timuçin'in yanında, "Bak Tülin Abla'nın başına gelenleri gördün, aklına başına almazsan, aynı şey senin de başına gelir!" diyorsa; annesi, "Komşumuz Cafer Bey'in oğlu üç sene önce tıp fakültesine girdi, haydi oğlum bizi onlara karşı mahcup etme!" diye konuşuyorsa; mahallenin bakkalı, Timuçin'i gördüğünde, "Haydi bakalım aslanım, mahallemizin yüzünü sen güldür!" diyerek destek(!) veriyorsa, Timuçin kaygılanır. Bu kaygı 24 saat onunla birliktedir. Timuçin uyurken bile kaygılı rüyalar görür.

Timuçin'in kaygısının, çok büyük değil, yalnızca 2 'bit' büyüklüğünde bir kaygı olduğunu varsayalım. Ortalama 7 'bit' kapasiteye sahip olan Kısa Süreli Bellek, 2 'bit'i kaygıya tahsis edildiği için işlemez hale gelir, geriye 5 'bit'lik bir kapasite kalır.

Stres

Kaygı, stres doğurur. Stres, kişinin iç organlarının çalışma tarzını ve kaslarını etkiler. Stresli kişinin kalbi tam verimli atmaz, hatta stres kan damarlarını büzer, daraltır ve bu nedenle kaygılı ve stresli kişinin beynine bol kan gitmez. O nedenle beyin tam beslenemez ve görevini tam olarak yerine getiremez. Bağırsaklar, ciğer, tüm solunum sistemi, böbrekler, kısaca bütün iç organlar stresten etkilenir. Timuçin'in stresinin de Kısa Süreli Bellek'te 2 'bit'lik bir kapasite kaybına yol açtığını varsayalım; kalan 5 'bit'lik kapasite şimdi 3 'bit'e düşecektir.

Panik

Nihat Bey'in öfkesi, annesinin konuşması, bakkalın sözleri Timuçin'de bazen paniğe neden olur. Sınav gününde, sınav süresince panik hat safhaya gelir. Öyle anlar olur ki kişi, kendi adını dahi hatırlayamayacak hale gelir. Sınavdan önce söylenen imalı bir söz, sert ya da güvensizlik ifade eden bir bakış, sınav kapısına kadar getirmeler, okunmuş pirinç yutturmalar, dualar ve okuyup üflemeler çocuğu daha da çok paniğe sürükler. Timuçin'in 3 'bit' kalan Kısa Süreli Bellek kapasitesinden 2 'bit'ini

DERS ÇALIŞIRKEN

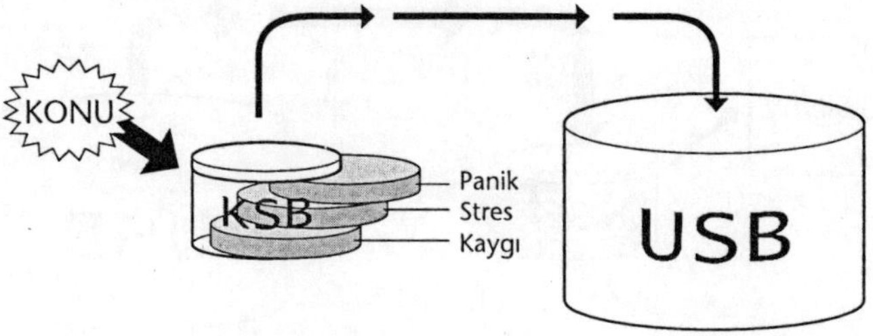

Kısa Süreli Bellek Uzun Süreli Bellek

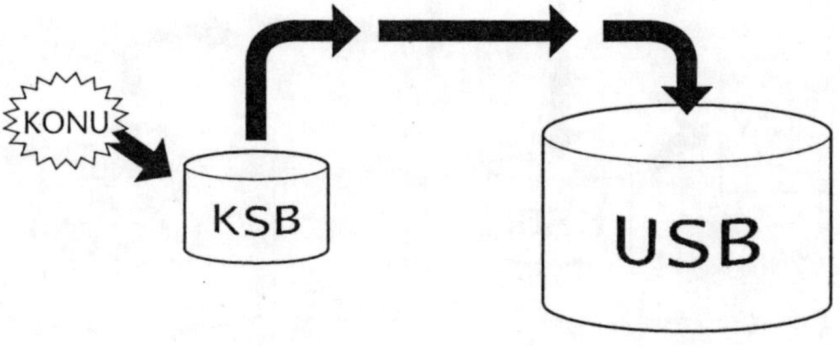

Kısa Süreli Bellek Uzun Süreli Bellek

de panik ve zavallı çocuk sınav boyunca ancak geri kalan 1 'bit'lik bir kapasiteyle sorulara yanıt vermeye çalışır.

Timuçin, kendine güveni eksik, kaygılı, stresli ve panikteyken, Emre adını vereceğimiz bir başka öğrencinin, sakin ve kendine güvenen bir halde olduğunu düşünelim. Emre, Kısa Süreli Bellek'inin tüm kapasitesini kullanarak sınavdaki soruları yanıtlayacak ve Timuçin'den daha başarılı olacaktır.

Şöyle bir durum düşünün: Timuçin, babasının ve annesinin korkusuyla, kaygı ve stres içinde, günde 6 saat çalışarak sınava hazırlanmış olsun. Tüm yıl kendini sıkıp çalışarak sınav gününe

SINAVDA

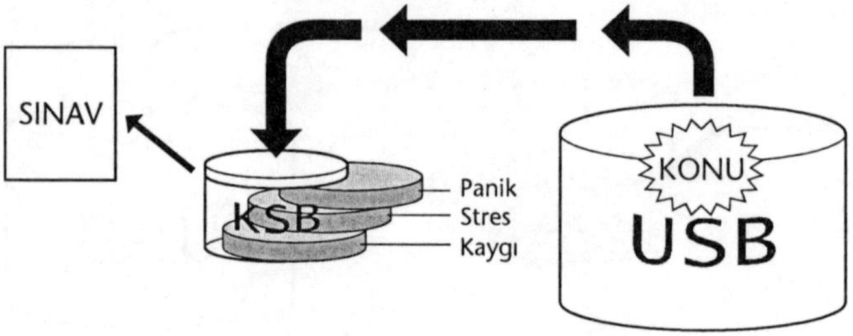

Kısa Süreli Bellek Uzun Süreli Bellek

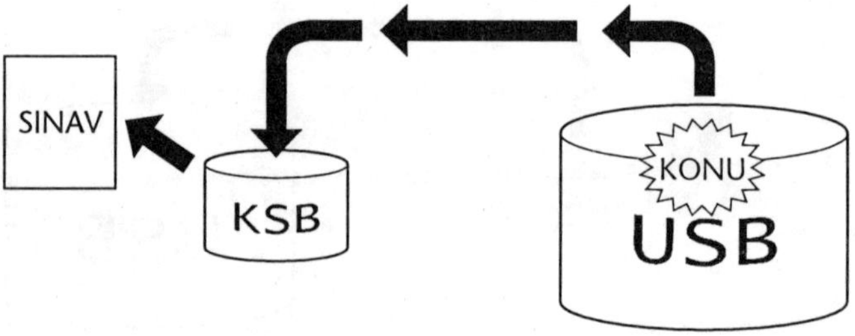

Kısa Süreli Bellek Uzun Süreli Bellek

kadar, Uzun Süreli Bellek'inde bilgi biriktirmiş olsun. Kolaylık olsun diye bu bilginin miktarını 500 sayısıyla ifade etmek istiyorum. (Bu sayıyı 'bit' olarak düşünmeyin; sadece miktar bildiren bir sayı olarak düşünün.) Timuçin'in takip ettiği strateji, 'çok çalışma' stratejisi olmaktadır.

Başka bir evde Emre, 'etkili ve verimli çalışma' stratejisini kullanarak, günde iki saat çalışmış ve o da, 500 sayısıyla ifade edebileceğimiz bilgi biriktirmiştir.

Sınava girdiklerinde, sınav ortamına getirdikleri bilgi bakımından aslında Timuçin ve Emre eşittir. Sınav süresi 3 saattir. Timuçin, çalışması etkili ve verimli olmadığından, kapasitesinin çoğunu kaygıya, strese ve paniğe kaptırmıştır. Geriye kalan ancak 1 'bit'lik bir Kısa Süreli Bellek kapasitesiyle çalışmak zorunda kalmış ve depoladığı 500 bilginin ancak 120'sini üç saatlik sınav süresi içinde cevap kâğıdına aktarabilmiştir. Sınav bittikten sonra Timuçin'in duygusu şudur: "Hepsini biliyordum, tutuldum kaldım! 3 saat yerine 6 saat verselerdi, soruların hepsini yapardım!"

3 saatlik sınav süresince Emre etkili ve verimli çalışma alışkanlığını uygulamış ve 500 bilginin tümünü sınav kâğıtlarına aktarmış ve aktarma bittikten sonra da bir de gözden geçirme yaparak verdiği yanıtların doğruluğundan emin olmak istemiştir. Sınav bittikten sonra Emre'nin duygusu şudur: "İyi hazırlanmıştım, herhangi bir sürpriz durum ortaya çıkmadı, beklediğim gibiydi. Çok iyi sonuç bekliyorum."

Buraya kadar paylaştıklarımızı özetleyelim:

Buraya kadar söylenenlerden çıkaracağımız dersler şunlar:

1. Öğrencinin kendi yaşamının direksiyonunda olduğunu bilmesi, onun başarısı için vazgeçilmez bir bilinçtir.
2. Kendi yaşamının direksiyonunda olan kişinin, nereye gitmek istediğini bilmesi gerekir.
3. Kişi gitmek istediği yere niçin gitmek istediğini bilmelidir; burada onun niyeti söz konusudur. Kişinin niyeti, onun hedefini belirler.
4. Niyet tek başına kişiyi başarıya ulaştırmaz, bu niyeti yaşama geçirmek için gerekli bilgiyi edinmek ve edinilen bilgiyi uygulayacak becerileri geliştirmek gerekir.
5. Direksiyona geçen kişinin arabasını tanıması ve bilmesi gerektiği gibi, başarılı olmak isteyen öğrencinin de kendini tanıması ve beyninin nasıl çalıştığını bilmesi gerekir.
6. İnsan beynini çalıştıran şey, kişinin istek ve şevkidir. Bu şevkin de kırılmaması gerekiyor.
7. Beyin, Kısa Süreli Bellek ve Uzun Süreli Bellek olmak üzere iki kademeli olarak çalışır.

8. Kısa Süreli Bellek, küçük kapasiteli ama çok hızlı çalışır ve hem öğrenme esnasında hem de sınav sırasında tüm bilgiler Kısa Süreli Bellek'ten geçmek zorundadır.
9. Etkili ve verimli çalışmayı etkileyen iki temel etmen vardır: Bunlardan biri çalışma stratejisi, diğeri de Kısa Süreli Bellek'in tüm kapasiteyle kullanımı.
10. Kaygı, stres ve panik, Kısa Süreli Bellek'in kapasitesini küçültür ve verimli çalışmayı olanaksız kılar.

Şimdi geldiğimiz nokta şu oluyor: Çocuğunuza etkili ve verimli çalışması için çalışma stratejileri veremeyebilirsiniz, ama onun kaygı, stres ve paniğe kapılmadan kendi yaşamının direksiyonuna geçmesine olanak sağlayabilirsiniz.

Nasıl mı?

Başarıya giden yolda çocuğunu destekleyen bir aile ortamı oluşturarak!

"'Başarıyı destekleyen aile' ortamını nasıl oluştururum?" sorusunun yanıtını öğrenmek istiyorsanız, lütfen okumaya devam edin.

5

Destekleyen ve Köstekleyen Aile Ortamı

Başarılı insanların hedefleri vardır,
nereye gitmek istediklerini bilirler.

Başarılı insanlar üzerine yapılan bilimsel incelemeler, onların bazı özelliklere sahip olduğunu göstermiştir. Başarısız insanlarda pek görülmeyen, ama başarılı insanların çoğunda görülen bu temel özellikler nelerdir ve nasıl geliştirilebilir? Bir göz atalım:

Başarılı insanlarda başarma isteği, hevesi, şevki vardır.

Başarılı insanlar çalışmaya başlarken boyutlu bir kaygı, stres, panik yaşamazlar; istek, heves, şevk duyarlar.

Çocuğunuzun başarma isteğini, hevesini, şevkini nasıl canlandırabilirsiniz?

İlk yapacağınız şey, çocuğunuza saygı duymaktır.

Ne demek çocuğa saygı duymak?

Çocuğunuzun olduğu her ortamda onun sınırlarına ve sorumluluklarına saygılı olun. Onun yerine karar vermeyin. O konuştuğu zaman dinleyin. Onun düşünce ve duygularını yargılamayın, anlattığı olayları onun gözüyle görmeye çalışın.

Böyle davrandığınızda, 'Destekleyen Aile' ortamı yaratmış olursunuz. 'Köstekleyen Aile' ortamında ise çocuğun sınırlarına ve sorumluluklarına saygı duyulmaz, çünkü çocuğun sınırları ve sorumlulukları olduğunun dahi farkına varılmaz.

Örneğin Timuçin odasının kapısını kapatmış çalışıyorken, babası Nihat Bey, kapıyı vurmadan içeri girer ve asık suratla şöyle oğluna ve etrafa bir göz atar. Çocuğun masasının üstünde bir dergi görür ve çocuğuna merhaba demeden, "Ne arıyor bu dergi burada? Dersine çalışacağına, dergilere bakarak mı zamanını geçiriyorsun?" der. Timuçin'in ağzını açıp cevap vermesine fırsat vermeden, "Dersten başka bir şeyle ilgilenme!" diyerek kapıyı sertçe kapatıp çekip gider.

Bu davranışıyla Nihat Bey, oğlu Timuçin'in sınırlarına saygısızlık etmiştir. Oğlunun odasının kapısını çalıp ondan izin almadan paldır küldür içeri girmiştir. Oğlunun masasının üstünde gördüğü dergiyle ilgili konuşmaları da onun sorumluluklarına gösterilmiş bir saygısızlıktır.

Bu tür davranışlar devam ettiği sürece, Timuçin bu evde ders çalışma şevkini gittikçe kaybeder, kendisini, dışarıdan kumanda edilen bir robot gibi görmeye başlar.

'Destekleyen Aile' tavrı içinde olsaydı, Nihat Bey, Timuçin'in odasına girmeden önce kapıyı tıklatır ve "Sana bir merhaba demek istiyorum oğlum, girebilir miyim?" diye sorardı. İçeri girdikten sonra da, onun başını okşar, "Zor bir devrede olduğunu biliyorum, sana güvenim tam, elinden gelenin en iyisini yapmaya gayret edeceğini biliyorum; sınav sonucu ne olursa olsun, seninle gurur duyduğumu ve sana inancımı hiçbir zaman yitirmeyeceğimi bilmelisin," derdi. Masanın üzerindeki dergiyle ilgili bir şey söyleme gereğini duymazdı; çünkü Timuçin'in ara sıra dergiye bakma isteğini saygıyla karşılardı.

Şu gerçeği aklınızdan hiç çıkarmayın: Sizin çocuğunuz evrende tektir ve muhteşem bir potansiyelle doğmuştur. Çocuğunuzla, çiftçinin yetiştirdiği ağaçla kurduğu ilişki gibi bir ilişki kurun.

Çiftçi, ağacın özünün ne olduğunu bilir ve o öze saygısı vardır. Çiftçi o özün gelişmesi için uygun ortam hazırlar. Çiftçi elma ağacını muz ağacı yapmaya çalışmaz; elma ağacının en çok meyve veren elma ağacı olması için ortam hazırlar. Ortamını bulan elma ağacı, olabileceğinin en iyisi olur ve ona göre meyve verir.

Çocukları oyun oynarken hiç seyrettiniz mi? Kendi istedikleri oyunu oynayan çocuklar cıvıl cıvıldır, istekle ve şevkle oynarlar. Oyunun kendisinde, onlara heyecan verecek her şey vardır.

Çocuklar böyle cıvıl cıvıl oynarken, büyükler etraftan karışmaya başlayıp, "Şunu şöyle oynayın! Bunu böyle yapın!" demeye başlarlarsa, tüm şevkleri gider ve oyun oynama heveslerini kaybederler. Çocuğun potansiyeline önem verin; "Elma çocuğu", "muz çocuğu" yapmak için uğraşmayın.

Diğer yandan, çocukların oyununa saygılı büyükler onlarla birlikte oynamak istediğinde, çocuklar daha da şevke gelerek büyüklerle birlikte oyunlarına devam ederler.

Bu son örnekten öğrendiğimiz ne? Çocuklar oyun oynamaya kendiliğinden isteklidir ve dışarıdan karışılmazsa şevkle, coşkuyla oynarlar. Büyükler onların oyunun bir parçası olabilirler, yeter ki çocuklara ve onların oyunlarına saygılı olsunlar.

Çocuğunuzun kendisini, yaşamını, ilişkilerini keşfetme çabasına ve bir şeyleri deneme yanılma yoluyla bulmasına saygılı olun. Onun, kendi yaşamının direksiyonuna oturmasına izin verin. Yaşamının direksiyonuna oturduğunu hisseden çocuğunuzda heyecan, istek, şevk artması göreceksiniz.

Geçen bölümde verilmiş olan 'Köstekleyen Aile' ortamında yetişen Sumru ve 'Destekleyen Aile' ortamında yetişen Pınar örneğini hatırlayın. 'Köstekleyen Aile' ortamında Sumru'nun sınırları ve sorumlulukları çiğnenirken, gelişimi 'Destekleyen Aile'de, Pınar'ın düşünce ve duygularına saygı vardı.

Başarılı insanların hedefleri vardır, nereye gitmek istediklerini bilirler

Çocuğunuzun yaşam başarısına önem veriyor ve yaşam başarısını aklınızda tutarak onunla konuşuyorsanız, dikkatle dinlemeye başladığınız zaman onun gönlünün muradının ne olduğunu anlamaya başlarsınız.

Kimi çocuk, daha küçükken renkleri, desenleri, şekilleri sever ve ona ilgi göstermeye başlar. Bu çocuklar çizmekten, boyamaktan hoşlanırlar. Bunlar yavaş yavaş mimarlık, iç mimarlık, desinatörlük ve güzel sanatların belirli yönlerine doğru ilgi geliştirmeye başlarlar. Başka alanlara zorlandığında mutsuz ve başarısız olan bu kişiler, kendi alanlarında çok yaratıcı ve dolayısıyla mutlu olurlar.

Her çocuğun, kendisinin yapmak istediği şeyler hakkında hayalleri ve umutları vardır. Bu hayalleri ve umutları küçümsemeyin, bu nedenle onları yargılamayın. Bu hayal ve umutların gerçekçi olmasına ve her yönüyle ortaya çıkarılmasına yardımcı olun.

"Çocuğumun hayallerinin ve umutlarının gerçekçi olmasına ve onları bulup açığa çıkarmasına nasıl yardımcı olabilirim?" sorusunu soruyor olabilirsiniz. Bir örnekle anlatayım:

'Köstekleyen Aile'nin reisi olarak Nihat Bey, Timuçin'e, "AB'ye girme süreci içinde uluslararası ticaret önem kazanacaktır; o alana yönel!" der ve bu konuda başka bir şey söylemez. Oğlu için düşünmüş taşınmış, en iyisini bulmuştur. Oğlunun sözünü dinlemesini bekler. Timuçin'in, "Ama baba ben hukukçu olmak istiyorum!" gibi sözlerini ya cevapsız bırakır ya da, "Bu yaşında sen ne bilirsin ki? Kendi başına karar verme; babanın sözünü dinle, sonra pişman olursun!" der.

Nihat Bey 'Destekleyen Aile'nin tavrı içinde olsaydı, yukarıdakinden farklı davranırdı. Önce oğluna, "Hayal ettiğin, gönlünden geçirdiğin bir meslek var mı?" diye sorardı. Timuçin'in, "Ben hukukçu olmak istiyorum!" dediğini varsayalım.

Nihat Bey, "Öyle mi oğlum? Ne güzel, ne olmak istediğin konusunda düşünmüşsün," diyerek konuya girer ve bu konuyu duyarlı bir biçimde geliştirirdi. "Hukukçuluğun seni çeken özellikleri neler?" diye sorarak Timuçin'in iç dünyasını paylaşmasını sağlardı. "İnsanların hakkının yenmesini istemiyorum, ben insanların hakkını koruyacağım!" diyen Timuçin'i bir kez daha hak ve adalete verdiği değer için över ve konuşmaya şöyle devam ederdi:

"Hukukçu olarak avukat olabilirsin, yargıç olabilirsin veya savcı olabilirsin; senin gönlünden ne olmak geçiyor?"

"Ben, avukat olmak istiyorum."

"Hiçbir avukatla, mesleği hakkında konuştun mu?"

"Hayır! Tanıdığım avukat yok."

"Peki, ben seni tanıştırsam, onunla gidip konuşur musun?"

"Tabii konuşurum, çok iyi olur."

"Peki oğlum, avukata sormak istediğin üç soru düşün, onları yaz. Ben bir avukat arkadaşımın seninle 15-20 dakika konuşmasını sağlayacağım. Daha sonra seninle tekrar bir durum değerlendirmesi yapalım."

Timuçin böyle bir konuşmanın arkasında, babasının kendisine verdiği önemi ve sevgiyi hissederdi. Babası kendisine önem vermekte ve sevmektedir; ama bu sevgiyi sınırlarına ve sorumluluklarına saygılı biçimde yapmaktadır. Timuçin böylece kendisinin denetlendiği ve boynuna bir yular takılarak belirli yönlere çekildiği duygusuna kapılmazdı.

Babasının arkadaşıyla konuştuktan sonra Timuçin avukat olma fikrinden vazgeçebilirdi; bu kararını babasıyla kuşkusuz paylaşırdı. Böylece, Timuçin için bir ömrün kalitesini belirleyen önemli bir adım atılmış olurdu.

Nasıl karar verirse versin, Timuçin'in verdiği karar, babasıyla ilk konuşmaya başladığı ana göre daha gerçekçi ve kapsamlı olacaktır.

'Destekleyen Aile' ortamı içinde annesi ve babası böyle saygı ve sevgi çerçevesinde konuştuğu sürece Timuçin içinden geçenleri olduğu gibi paylaşmaya devam eder ve düşündüğü her bir meslekle ilgili olarak gerçekleri keşfede keşfede sağlam temelleri olan hayaller kurardı. Kurduğu hayaller, gerçekçilik zeminine oturmuş kendi hayalleri olurdu; o nedenle Timuçin, ders masasının başına istekli oturur ve şevkle ders çalışırdı.

Başarılı insanlar, duygu ve düşüncelerinin farkındadır; böylelerinin kendilerine, duygularına ve düşüncelerine saygıları ve güvenleri vardır

Farkında olmak, insan yaşamının özüdür. Farkında olan insan, farkında olduğu şeyler arasında seçim yapabilir. Seçim yapabilmek, özgür insanın en temel özelliğidir. O nedenle insanlar aslında farkında oldukları kadar yaşar; farkında olmadıkları şeylerin onlar için anlamı yoktur.

Çocuklar dıştan içe doğru bir farkına varış yolculuğu yaparlar. İlk olarak dış dünyayı keşfederler, zamanla keşif içe doğru yönelir, kendi duygu ve düşüncelerini gözleyerek farkına varmaya başlarlar.

Gelişimi 'Köstekleyen Aile ortamında çocuk, kendi duygu ve düşüncelerinin farkına varmayı pek geliştiremez. Böylesi ortamda çocuk, otorite durumunda olan baba, anne, ağabey, amca, gibi güçlü insanların duygularını ve düşüncelerini yüzlerinden okumayı ve buna göre davranmayı çabucak öğrenir. Ama kendi varoluşuyla ilgili bir farkına varış geliştiremez.

'Köstekleyen Aile' ortamında çocuğa verilen mesajları bir daha hatırlayalım.

'Köstekleyen Aile'de 5 yaşındaki Sumru'nun önüne annesi dört köfte koyuyordu ve "Haydi ye!" diyordu. Sumru, "Anne çok doydum, yiyemeyeceğim," dediğinde annesi, "Bitirmeden bu sofradan kalkmayacaksın!" diye yanıt veriyordu.

Bu aile ortamında Sumru dışarı çıkıp oynamak istediği zaman annesi ona, "Hırkanı giy!" diyor ve hırkasını giymeden dışarı bırakmıyordu.

"Sumru'nun hayatında böyle binlerce etkileşim yer aldıktan sonra, Sumru annesinin, babasının ve diğer büyüklerinin, 'Sen bilmezsin, büyükler bilir!' mesajına gerçekten inanır ve ömür boyu bir başkası tarafından yönetilmeyi bekler hale gelir," demiştik.

Böyle bir ortamın çocukta yarattığı en önemli etkilerden biri, "Ben bedensel olarak varım; ama hesaba alınacak bir insan olarak yokum!" duygusudur. Onun kendini önemsememesinin, kendisiyle ilgili farkındalık geliştirememesinin temelinde, bir insan olarak önemsenmeyiş, hesaba katılmayış, yok varsayılma duygusu yatar. Bu duygu, çok erken yaşlarda başlar.

Sizinle bir anımı paylaşmak istiyorum.

"Büyük gemi geçiyor!!!"

Bir pazar sabahı Boğaz'da, Emirgan'da bir kafede eşimle otururken genç kadın ve erkeklerden oluşan beş kişilik bir grubun oturduğu masaya, genç bir çift de katıldı. Bu çiftin, 3-4 yaşlarında bir oğlan çocukları vardı ve masadakiler, "Aa, Hakan geldi!" dediler ve çocukla konuşmaya çalıştılar.

Küçük Hakan birdenbire heyecanlandı ve yüksek sesle, "Büyük gemi geçiyor! Büyük gemi geçiyor! Bakın, büyük gemi geçiyor!" diye bağırmaya başladı.

Önce herkes sustu çocuğa baktı, gülümsemeler oldu.

Çocuk yeniden, bu sefer daha da heyecanlı bir sesle, "Büyük gemi geçiyor! Baba, anne bak, büyük gemi geçiyor!" diye bağırıyor, bir yandan da babasının yüzünü eliyle gemiye doğru çevirmeye çalışıyordu.

Anne bir süre sonra, yumuşak ve kısık bir sesle, "Evet, değil mi, ne kadar büyük, hı hı!" dedi.

Ama bu Hakan'ı kesmedi. Büyük gemi geçtiğini yüksek sesle yeniden tekrar etti. Babası, "Tamam be oğlum, anladık, bağırmana gerek yok!" diye biraz kızgın bir sesle Hakan'ı ikaz(!) etti.

Gruptaki erkeklerden hiçbiri sesini çıkarmadı, hafif bir gülümseme ve umursamazlıkla çocuğa bakmaya devam ettiler.

Gruptaki kadınlardan biri, yüksek ve coşkulu bir sesle, "Aaa, evet, büyük bir gemi geçiyor; koskocaman büyük bir gemi geçiyor, değil mi Hakan?" dedi.

Hakan kadının coşkulu biçimde söylediğini duyunca kendisini anlaşılmış hissetti ve "Evet, evet, büyük gemi geçiyor!" dedi ve sustu.

İçi rahatlamıştı.

Küçük Hakan orada bir varoluş mücadelesi içindeydi. Küçük Sumru da, "Anne doydum!" derken, "Anne üşümüyorum!" derken bir varoluş mücadelesi içindeydi. Küçük Hakan, masadaki genç kadının, "Aaa, evet, büyük bir gemi geçiyor; koskocaman büyük bir gemi geçiyor, değil mi Hakan?" demesine kadar varoluşunu yaşayamamıştı; bu sözleri duyduktan sonra varoluşu gerçekleşmiş, Hakan'ın içi rahat etmişti. Ne yazık ki küçük Sumru, Hakan kadar şanslı değildi; o bütün çabasına rağmen varoluşunu gerçekleştirememişti.

Varoluşunu ifade edemeyen çocukları tanımak çok kolaydır; iki şey onları ele verir:

1. Hırçın olurlar, sürekli mızmızlanır ve her şeyden şikâyet ederler.
2. Kendi duygu ve düşünceleriyle ilgili bir farkındalık geliştiremezler.

Çocuğun kendisiyle, duygu ve düşünceleriyle ilgili farkındalığının gelişmesi ve onlara saygı ve güven duyması için, 'Destekleyen Aile' ortamında onunla iletişim içinde ona şu beş mesaj verilir:

1. Seni umursuyorum; sen benim için varsın, önemlisin.
2. Seni olduğun gibi, yargılamadan kabul ediyorum; senin davranışında aksaklıklar olabilir; ama özün çok muhteşem ve orada hiçbir şey ne eksik ne de aksıyor.
3. Sen değerlisin; şu evrende senin gibi bir tane daha yok. Ailedeki her bir çocuğumuz gibi, senin yerin de başka ve doldurulamaz.
4. Senin gerçekten istediğini yapabilme yeteneğine, gücüne güveniyorum ve inanıyorum.
5. Sen, sen olduğun için sevilmeye, kendin olarak gelişmeye layıksın.

Bu mesajlar, ilişki içinde sözle değil, davranışla iletilir.

Örneğin Nihat Bey eve gelince, Timuçin'in odasına bir uğrar, kapısını tıklatır, içeri girer, selam verir, onun sırtını okşar. Bir süre, günün nasıl geçtiğinden konuşurlar. Birlikte yemek yerler, yemek esnasında ve yemekten sonra ailece bir süre sohbet etmeye önem verirler. İçleri dışları birdir ve birbirlerine hiç yalan söylemezler; çünkü bu ailede korku yerine sevgi ve saygı vardır.

Başarılı insan, seçimlerinin bilincindedir ve seçimlerinden sorumluluk alır.

Yaşamımız seçimlerimizin ürünüdür. Çoğumuz seçimler yaptığımızın farkında olmadan yaşarız; oysa bazı insanlar yaptıkları seçimlerin farkındadır. Nihat Bey farkında olmadan asık suratlı olabilir ya da bilinçli bir seçimle güler yüzlüdür. Timuçin farkına varmadan öyle seçimler yapabilir ki, ömür boyu anasına babasına muhtaç biri olarak yaşayabilir. Ya da sınav hazırlıkları döneminde seçim yapmanın önemini kavrayarak, kendi ayakları üstünde kalabilen, kendine yeterli biri olmaya yönelebilir.

'Köstekleyen Aile' ortamında, çocuğun kendisinin seçimler yapmasına olanak verilmez; küçük Sumru'nun köfte ve hırka öykülerini hatırlayın.

İki farklı aile tipi, zamanla, iki farklı insan karakteri oluşturur. Bu karakterlerden biri, yaptığı seçimlerle kendi yaşamını oluşturan ve bu seçimlerin sorumluluğunun bilincinde olan insandır. Diğeri de, yaşamın rüzgârının önüne kendini yaprak gibi bırakmıştır; 'kader kısmet' ne ise onu yaşayacağına inanır. Kendisinin seçim yapma olanağının ya da gücünün bulunduğuna inanmaz.

Duygu ve düşüncelerin farkında olmaktan konuşurken aşağıdaki bilgileri sizinle paylaşmayı önemli gördüm:

Başarı konusunda önemli kitaplar yazan Shad Helmstetter, *Bizi Biz Yapan Seçimlerimiz*(3) adlı kitabında, başarılı ve başarısız insanı birbirinden ayırt eden on iki seçim olduğunu belirtir.

Nihat Bey, 'Destekleyen Aile' ortamı yaratmak istiyorsa, Timuçin'in dikkatini şu konularda yapacağı seçimlerin önemine çeker ve onunla bu bilinç çerçevesinde konuşur.

Gücünün farkında olmak

Oğlum, kişinin gücünü baştan belirlemesi çok önemlidir. Senin, yaşamının her anında karşılaşacağın ve seçmen gereken bir durum olacak; ya "Ben güçlüyüm, bunu yapabilecek gücüm var!" ya da "Bunu yapabilecek gücüm yok!" diyeceksin. 'Gücüm var' ve 'gücüm yok' seçimi, yaşamının en temel seçimlerinden biridir ve senin bir şeye girişip girişmemeni belirler. İçindeki sesi iyi dinle ve ona göre karar ver.

Dürüst olmak

Oğlum Timuçin, dürüst olup olmamak bir seçimdir. Dürüst insanın, kendisiyle ilişkisinde kendine saygısı olur; dürüst olmayan kişi, kendisiyle ilişkisini önemsemez, kendisinin saygısını kazanmaktan daha çok başkalarının kendisi için ne diyeceğine önem verir. Şu iki seçenek arasında bir karar vermelisin: "Ben dürüstüm!", "Ben dürüst değilim!"

Kendine güvenmek

Kendine güvenin, çocukluktan gelen bir altyapısı vardır; ama bu altyapıyı kullanıp kullanmamak da bir tutumun sonucudur. O nedenle kendine güvenmek ve kendine güvenmemek de bir seçimdir. "Kendime güveniyorum!" dediğin zaman yapabileceğine, azmine, bilgine, yeteneğine güveniyorsun demektir; bilgin ve yeteneğin eksik bile olsa kendine güvenin olduğu için o eksiklikleri gidermek üzere yeni bilgi edinirsin ve yeteneğini geliştirirsin. "Kendime güvenmiyorum!" dediğin zaman, ilk denemede işin ucunu bırakırsın; başarmak için ısrarlı, azimli olmazsın. Güçlü ve dürüst olmayı seçmişsen, kendine güven duymayı seçmen daha kolay olacaktır.

Hedefini ve yönünü belirlemek

Oğlum Timuçin, yaşamın boyunca birçok karar vereceksin, seçimler yapacaksın; verdiğin kararların ve yaptığın seçimlerin aynı yönde olur, aynı hedefe kilitlenirse, amaçladığın hedefe daha çabuk ve güçlü olarak varırsın.

Ankara'da oturduğunu hayal et. Bisikletinle, Türkiye'nin en kuzey noktası olan Sinop'a gitmeyi hedefliyorsun. Bir sabah kalktın ve bisikletini kuzeye doğru sürmeye başladın ve bütün gün bisiklet sürdün. Geceyi küçük bir kasabada geçirdin. Ertesi sabah biri sana, "Doğuya doğru git, o yönde yollar daha güzel," dedi. Aslında sen, gitmen gereken yönü bildiğin halde doğuya yöneldin ve bisikletinle bütün gün var gücünle yol aldın. Yine ufak bir yerleşim merkezinde geceledikten sonra bu defa, başka biri, "Güneye doğru git, güneye doğru manzara şahane, çok güzel manzaralar içinden geçersin," dediği için güneye doğru sürdün bisikletini. Ve bütün gün var gücünle pedal çevirdin. Bir köyde seni misafir ettiler. Köyden birisi, "Batıya doğru git, bir dere kenarına bisiklet yolu yapmışlar, hem güzel manzaralı hem de gitmesi kolay," dediği için, ertesi sabah batıya doğru hareket ettin. Akşama doğru başladığın şehir olan Ankara'ya girmekte olduğunu gördün. Sinop'a gitmek istemiştin, şimdi görüyorsun ki dört gün boşu boşuna ha gayret pedal çevirmiş ve yorulmuşsun. Hedefini ve yönünü doğru belirlemez, kararlı davranmazsan, ömrünün sonunda hiçbir yere gidemediğini, farkında olmadan bir ömrü harcadığını görebilirsin. Onun için sınava hazırlanırken şimdiden hedefini ve yönünü iyi belirle.

İnsanları olduğu gibi kabul etmek

Oğlum Timuçin, her insan kendi düşüncesini, hal ve hareketlerini doğru bulur. Eğer olaylara o insanın gözüyle bakabilirsen, çoğu zaman neden böyle gördüklerini anlayabilirsin. Bir insanla etkileşim kurduğun zaman iki seçeneğin var, ya o insanı "olduğu gibi kabul edebilirsin" veya "olduğu gibi kabul etmeyebilirsin." Aslında bu, yalnız insanlarla ilgili değil, nesnelerle ilişkin için de söz konusu. Örneğin taşla ilişkinde ya taşı "olduğu gibi kabul edersin" ve böylece taşın sert olduğunu anlarsın ve ayağını taşa vurmamaya özen gösterirsin ya da taşı "olduğu gibi kabul etmezsin" ve sert taşa ayağını vurup da ayağın acıdığında avazın çıktığı kadar bağırır ve taşa küfredersin. Bunun gibi bir insanı yargılamadan olduğu gibi kabul edersen onunla çatışmaya, çekişmeye girmez, saygı içinde ilişkini sürdürebilirsin. İşbirliği içinde karşılıklı saygı ve kabule dayalı ilişkiler içinde yaratıcı ve üretici olabilirsin.

İnsanı olduğu gibi kabul etmez, onu yargılarsan, o zaman o insanla ilişkinde şu sorunlardan birini yaşarsın (kötüden iyiye doğru sıralarsak):

- *Savaşırsın:* Savaşın amacı, karşındakini yok etmektir. Sen ya da karşındaki yok oluncaya kadar savaş devam eder. Oğlum Timuçin, bir insanla kurulabilecek en kötü ilişki, onunla savaş içinde olmaktır, herhangi bir insanla savaş içinde olmamaya özen göster.
- *Dövüşürsün:* Dövüşün amacı, karşıdakinin kolunu kanadını kırmak, onu bitkin hale getirmek ve ezmektir. Bugün dövdüğün kişi, yarın güçlenip sana savaş açabilir. Oğlum Timuçin, bir insanla, savaştan sonra kurulabilecek en kötü ikinci ilişki dövüştür; insanlarla dövüşmemeye özen göster.
- *Güreşirsin:* Güreşin amacı karşıdakini alt etmek, üstte kalmak ve "Hep benim sözüm geçecek, çünkü ben senden güçlüyüm," demektir. Birbiriyle güreşen insanlar işbirliği içinde olamaz, birbirlerini sürekli yıprattıklarından dolayı da üretici ve yaratıcı olamazlar.
- *Karşındakini umursamaz, önemsemezsin:* Olduğu gibi kabul etmediğin kişiyi yokmuş gibi düşünür, önemsemez ve umursamazsın. O kişi de seni umursamaz. Böylece her ikiniz de birbiriniz için yok sayılırsınız. Bu durum, genellikle örtük husumet duygularıyla birlikte oluşur. İlk uygun zamanda bu olumsuz duygular patlak verir, sizi, yukarıda sözünü ettiğim savaşa, dövüşe ya da güreşe götürür. O nedenle bu da hiç istenmeyen, çok kötü bir ilişki tarzıdır.

Kendi kararlarını kendi vermek

Oğlum Timuçin, Sinop'a gitmek için yola çıkma örneğini hatırla. Sinop'a gitme kararına sadık kalsaydın, o yönde dört gün mesafe almış olacaktın. Ama sen başkalarının senin için karar vermelerine izin verdin ve onların verdiği kararları kabul ederek seçimlerini yaptın. Sonuçta istediğin yere gidemedin. Yaşamda sürekli bu durumla karşı karşıya geleceksin: Ya kararlarını kendin vermeyi seçeceksin ya da başkalarının senin için karar vermelerini. Neye karar verirsen, yaşamın da o yönde ve biçimlerde gelişir.

Eylemlerinden sorumlu olmak

Oğlum Timuçin, yaşamda verdiğin her kararın, bu karara dayanarak yaptığın her eylemin bir sonucu vardır. Eyleminin sonucu beklediğin gibi olabilir, o zaman kendini başarılı hisseder, mutlu olursun. Eylemin istediğin sonucu vermeyebilir, o zaman kendini başarısız hisseder, mutsuz olursun. Sonucun sorumluluğunu üstlenirsen, başarmışsan, bu, kendine güvenini artırır, daha istekli ve coşkulu çalışırsın. Başarmamışsan, bu, henüz başarıya ulaşacak bilgi ve beceriye sahip olmadığını öğretir. Azimle ve sebatla bu bilgi ve becerilerin peşine düşer ve onları öğrendikten sonra tekrar denersen başarıyı elde edersin. Eyleminin sonucunun sorumluluğunu üstlenmezsen, kendini geliştirmek için azim ve sebat gösteremezsin. O nedenle sana tavsiyem, hiç kimseye kabahat ve bahane bulma; eyleminin sorumluluğunu al, azim ve sebat göstererek sürekli geliş ve güçlen oğlum.

Doğruyu yanlıştan ayırmak

Oğlum, her insan gibi, senin de doğru ve yanlışı ayırt edecek akıl ve duyguların var. Yani, istesen de istemesen de, senin yaptığın bir hareketin ya da sana yapılan bir davranışın, 'doğru' ya da 'yanlış' olduğuna dair içinde bir his oluşur. Buna önem verip seçimlerini yaparken bu hissi hesaba katarak seçimlerini yapabilirsin ya da "Herkes yapıyor, ben de yaparım," mantığı içinde bu hissi hesaba katmayabilirsin. Arkadaş bildiğin biri sana bir gün uyuşturucu verebilir; senin yaşında çevrendeki birçok kişi, içki, esrar ve seksin olduğu bir partiye gidebilir. Arkadaş bildiğin biri, sana bedavadan esrar verdiğinde, içinden bir ses, bu kişinin verdiği esrarı kabul edip içmenin 'yanlış' olduğunu söylüyorsa bu bir seçim noktasıdır. 'Doğru' olanı seçtiğin zaman yaşamın bir başka yöne kayar, 'yanlış' olanı seçtiğin zaman bir başka yöne. Her zaman 'doğru' olanı seçmeye özen göster.

İnandığı şey uğruna çalışmak

Oğlum Timuçin, inandığın şey uğruna çalışırsan, inancının bir anlamı olur; tersine, çalışma, gayret gösterme, emek verme zahmetine girmezsen, inancının hiçbir anlamı olmaz. İnanmak, yaptığın şeye anlam verir.

Bir çiftçi düşün, yamaçtaki arazisinin erozyonla akıp gitmeye başladığını görür. "Bu yamaca bol miktarda ağaç dikmem gerekir; aksi halde arazi kalmayacak, denize akıp gidecek, çocuklarıma verimsiz, taşlı bir tarla kalacak!" der. Ama bu konuda hiçbir şey yapmaz. Peki bu adam, söylediklerine gerçekten inanıyor mu? Çocuklarının geleceğini gerçekten düşünüyor mu? Tabii ki hayır!

Şimdi sınav hazırlığı içindesin, masanın başına oturuyorsun ve çalışmaya başlıyorsun. Bu emek, senin kendine ve geleceğine olan inancını anlamlı kılar. "Yapabileceğime inanıyorum ve geleceğimi önemsiyorum" inancı, senin verdiğin emeği anlamlı kılıyor. Kendine, geleceğine, mesleğin yoluyla yapacağın hizmetin değerine inan ve bu inancın gereği olan çalışmayı, gayreti ve emeği esirgeme evladım.

Hatalarından ders almak

Yaşadığımız sürece, hem başarılar kazanacak hem de ara sıra başarısız olacağız. Oğlum Timuçin, yaşam başarısını yakalayanlar, hatalarından ders almayı bilenlerdir. Bu kişiler, giriştikleri önemli işlerin her aşamasında kendilerine şu dört soruyu sorarak yaşamlarına devam ederler:

1. Ne yaptım?: Diyelim matematikten sınava girdin ve kendine sordun, "Ne yaptım?" Matematik sınavında soruların tümüne doğru yanıt vermeye çalıştım.

2. Neleri iyi yaptım?: Şöyle bir düşünüyorsun, iyi yaptığın şeylerin farkına varıyorsun. Ve kendi kafanda iyi yaptığın şeylerin bir listesini çıkarıyorsun:

- Daha önceki sınavların sorularını buldum ve hepsini gözden geçirerek hazırlandım.

- Bilmediğim soruları bilen arkadaşlarımla tartıştım ve doğru yanıtlarını öğrendim.
- Soruları gruplara ayırdım ve her bir gruptaki soruların ortak noktalarını öğrendim.

3. Neleri daha iyi yapabilirdim?: İyi yaptığın şeylerin farkında olduğun kadar, geliştirebileceğin yönlerin olduğunu da farkında olman gerekir. Ve farkına vardığın, daha iyi yapabileceğin, dikkat etmen gereken şeylerin bir listesini yapıyorsun:

- Sınavdan önce uykumu iyi almadığım için soruları birkaç kez okuduktan sonra anlayabildim. Sınava girmeden uykumu tam almaya dikkat etmeliyim.
- Yanımda fazla kalem ve fazla silgi götürebilirdim; silgi aramak için bayağı zaman kaybettim.
- Önce yapabileceğim soruları çözüp, zor gelen soruları sonraya bırakarak zamanımı daha etkili kullanabilirdim.
- Bazı soruları anlamakta güçlük çekince, hemen kaygılanıp paniğe kapıldım, halbuki istesem kaygılanmamayı başarabilirdim.
- Bu durumu önceden düşünüp kendimi buna hazırlayarak, anlamakta güçlük çektiğim soruyu sakin sakin yeniden okuyabilirdim.

4. Nelerin farkına vardım, ne öğrendim?: Sonuçta bu deneyimden bir şeyler öğrendin ve öğrendiklerinin iyice bilincine varmak istiyorsun ve öğrendiklerini sıralıyorsun:

- Sınavdan önce uykumu tam alacağım.
- Yanımda yedek silgi ve kalem götüreceğim.
- Anlamadığım soruları geçerek, bütün sorulara yanıt verdikten sonra onlara geri döneceğim.
- Kaygılanmaya başladığım zaman, derin derin nefes alacağım ve zihnen kendime, "Kaygılanmana gerek yok, sen bunların hepsini yapabilirsin, sakin ol!" diyeceğim.

Her deneyiminde ve yaptığın hatada bu dört soruyu sorarsan sürekli bir gelişim içinde olursun ve şunu anlarsın ki hata, başarıya giden yolda bir basamaktır. Hatalara ve başarısızlıklara takılıp kalmamak , her bir hatayı bir öğrenme fırsatına dönüştürmek gerekir. Oğlum, böyle bir tavır içinde olursan, başarı senin kapını sürekli çalar.

Sevmeyi ve sevilmeyi seçmek

Oğlum Timuçin, yapabileceğin bir başka seçim daha var: İnsanları sevmek ve onlar tarafından sevilmeyi istemek. Bu da bir seçimdir. Birçok insan farkına varmadan bu seçimleri yapar. Bazı insanlar işyerlerine girdiklerinde hiç kimseyle arkadaş olmamayı, herkese bir hasım gibi bakmayı yeğler. Bazı insanlar ise işyerindeki her insana saygı ve sevgiyle davranmayı seçer ve her insan yaptığı seçimin sonucuyla karşılaşır. Oğlum, eğer yaşam başarısına önem veren biri olmak istiyorsan, insanları sevmeyi ve onlar tarafından sevilmeyi seçmen gerekir.

Yapabileceğine inanmak

Oğlum Timuçin, sana söylediğim bütün seçimler içinde en önemlisi budur, bu seçim olmayınca diğerlerinin hiçbir anlamı kalmaz. Her işin başında seçimlerini yaparken ilk halletmen gereken şey, yapabileceğine inanmak olacaktır. "Yapabileceğime inanıyorum" veya "yapabileceğime inanmıyorum", her eylemin ilk aşaması olarak sürekli karşına çıkacaktır. Burada bir seçim söz konusudur. Yapabileceğine iki türlü inanabilirsin: Bunlardan ilki kısa vadede, hemen şimdi ve burada yapabilmedir. Şu anda kalkıp öbür odaya geçerek, şu anda bizim rahat konuşmamızı olumsuz etkileyen televizyonun sesini kısabilirsin veya televizyonu kapatabilirsin. Bunu yapabileceğine inandığın için kalkıp hemen yapabilirsin. Bir de uzun vadede yapabileceğin şeyler var. Örneğin, büyükannen geldiğinde evde sigara içiyor ve sen bundan rahatsız oluyorsun; ama ona saygından sesini çıkarmıyorsun. Bu böyle devam etsin mi, yoksa bir değişiklik yapabileceğine inanıyor musun? Hep kısa vadeli stratejiler kullanarak, üzerinde düşünerek onun bu evde sigara içmesini önleyemeyebilirsin ama uzun vadeli stratejiler kullanarak istediğin sonucu alabilirsin. Bu uzun vadeli stratejiler, sana çok değişik olanaklar yaratabilir. Şimdi, bunlar ne olabilir konusuna girmek istemiyorum ama sana söylemek istediğim şu: Yapabileceğine inanmazsan uzun vadeli stratejiler üzerinde düşünmek dahi istemezsin. Ben, senin yapabileceğine inanmayı seçiyorum oğlum, senin de, "Yapabileceğime inanıyorum"u seçmeni diliyorum.

Timuçin'in babası Nihat Bey, yukarıda kısaca özetlediğim şekilde oğluyla ilişki kurarsa, annesi oğlunun yaptığı seçimlere saygılı davranırsa, o ailede 'Destekleyen Aile' ortamı oluşur ve Timuçin yavaş yavaş fakat emin adımlarla, yaşam başarısı yönünde yol olmaya başlar.

Peki, ülkemizdeki ailelerin çoğunluğu, çocuklarımızın sınırlarına ve sorumluluklarına saygılı mı davranıyor? Sınava hazırlanan gençlerin başarılarını 'Destekleyen Aile' ortamı mı çoğunlukta, yoksa onların başarılarını 'Köstekleyen Aile' ortamı mı?

Araştırdık ve gelecek bölümde bunlara değindik.

Lütfen, okumaya devam edin.

6

Durum Ne: Nelerle Karşılaşıyoruz?

Öğretmenleri özel kılan, çocuklarımızı emanet edecek kadar onlara güvenmemizdir.

Geçen bölümde başarıyı destekleyen ve köstekleyen tutum ve davranışlardan söz ettim. Ancak ailelerin sınava hazırlanan çocuklarıyla ilişkilerindeki olumsuz tutum ve davranışları verilerle irdelemek istedim. Asistanım Sabiha Kocabıçak rehber öğretmenlerle bu amaçla görüştü; onların aile ortamında gördükleri sorunları, değişik başlıklar altında topladık, gözden geçirdik. Burada anlatılan olaylar gerçektir; ama kişilerin tanınmaması için kişi ve yer adları verilmemiştir.

SINIRLAR VE SORUMLULUK BİLİNCİ

İlk olarak aile ortamında çocuğun sınırlarına ve sorumluluk bilincine yapılan karışmaları, tecavüzleri, zorlamaları, saygısızlıkları ele alacağım. Çoğu ailede, çocuğun sorumluluğunu anababa kendi üzerine aldığından, çocukta sınırlar ve sorumluluk bilinci gelişemiyor. Sınırlar ve sorumluluk bilinci gelişemeyince, çocuk karşılaştığı sorunları çözmek için sorumluluk alamıyor. Ne yazık ki, yaşamından sorumluluk almayan çocuk gelişemez.

Neden gelişemez?

Çünkü yıllarca **koruyucu** (Ben senin yerine yaparım.) ve **denetleyici** (Ödevlerini yaptın mı?) tutum içinde olan anababa, çocuğun karşısına çıkan sorunlarla onun yerine uğraşmış, sorunla baş başa kalarak çözüm için uğraşma olanağı bulamayan çocuğun gelişimi kösteklenmiş.

Bize anlatılan bir durumu sizlerle paylaşmak istiyorum: Bir öğrenci, İstanbul-Bakırköy'den İzmir'e taşınmış. Sınav başvurusu sırasında Bakırköy'deki okulunu, okuduğu okul olarak gösteriyor. Taşınma süreci sonrasında doğal olarak okul da değişiyor. Ancak, öğrenci, ÖSYM'ye okul değişikliğini bildirmiyor. Sınav belgelerindeki okul ile diploma alınan okul farklı olduğundan, çocuk sınavı kazandığı halde belgelerdeki çelişki nedeniyle üniversiteye kayıt yaptıramıyor. Aradan iki yıl geçmesine ve yeniden sınava girmek için başvurular yapılıyor olmasına rağmen, çocuk hâlâ gerekli değişikliği yapmıyor ve bu konuyla ilgilenmiyor. Bilim bakalım bu durumda çocuğa ait olan bu sorunla kim uğraşıyor? Evet, doğru bildiniz: Onun yerine annesi, dershanedeki rehber öğretmene gelip neler yapılması gerektiğini soruyor.

Söz konusu gencin, kendi yaşamı konusunda sorumluluk almadığı ortada; annesi gerçek sorun olarak bunu görüp tedbir alacak yerde, hâlâ o gencin sorumluluğunu yüklenmeye çalışıyor. Bu gencin, yaşamının tümünde, bu tür sorumluluk sorunları yaşayacağını söyleyebiliriz.

Çocukta sınırlar ve sorumluluk bilincinin gelişmesini olumsuz etkileyen, yalnız koruyucu anababalar değildir. Koruyucu anababaların yanı sıra, denetleyici anababalar da sınırların ve sorumluluk bilincinin gelişmesini engeller. Denetleyici anababa, değişik bahaneler bularak sık sık çocuğun odasına girer ve ne kadar test çözmüş diye çaktırmadan kontrol etmeye çalışır.

Denetleyici anababa, çocuğun her davranışını kendi istediği yönde değiştirmek, denetlemek ister, aşağıdaki türden laflar eder:

- Şu saatte yatacaksın ve şu saatte kalkacaksın.
- Şunları yiyeceksin, şunları yemeyeceksin.

- Şu pirinçleri okuttum, üflettim; sınava girmeden önce bundan üç tane yutacaksın.
- Sık sık tuvalete gidiyorsun ve çok zaman harcıyorsun; biraz tut, ondan sonra git.

Şu örnek, denetleyen bir babanın davranışını gösteriyor: Babanın okuduğu kitaplardan birinde, zaman kullanımının önemi üzerinde duruluyor ve günlük, haftalık, aylık ve yıllık planlama yapmanın yararları anlatılıyormuş. Baba bu kitabı okuduktan sonra, çocuğun yıl boyunca hangi derslere ne kadar ve ne zaman çalışması gerektiğinin planını yapmış. Tüm yıl boyunca günbegün uygulanacak plan çocuğun eline tutuşturulmuş.

Bu durumda bazı okurlar, "Ne var bunda? Baba çocuğuna yardım etmeye çalışıyor! Kötülük bunun neresinde?" diye düşünebilir.

Kötülüğün nerede olduğunu söyleyelim: Baba, çocuğunun yaşamının direksiyonuna kendisi oturmuş durumda. Farkına varmadan çocuğunun sınırlarına ve sorumluluğuna tecavüz ediyor ve yine farkına varmadan çocuğuna büyük saygısızlık yapıyor. Okuduğu bu kişisel gelişim kitabı, ona, kendi zamanını planlaması önerisinde bulunmuştur; çocuğunuzun planını siz yapın, dememiştir. Çocuk babasının yaptığı planı, korktuğu için uyguluyormuş gibi görünür, ama çalışmasında hiçbir istek ve şevk olmaz.

Çocuğun sınırlarını ihlal etme ve saygısızlık, ev ortamının düzenlenmesinde de kendini gösterebilir. Çocuğun, kendi odasında, diğer insanlardan yalıtılmış bir şekilde ders çalışması beklenirken, anababanın salonda televizyonda bangır bangır magazin programı izlemesi ve çocuğun ister istemez bu sesleri duyması sıkça rastlanan bir durumdur. Burada çocuğu rahatsız eden sadece içerden gelen gürültü değil, televizyonu seyreden anababanın çocuğun içinde bulunduğu duruma olan saygısızlığıdır. Çocuğun ders çalışmak için gösterdiği gayrete saygı duyan anababalar olsalardı, sessizliği sağlamakla kalmaz, onlar da çocukları gibi bir konuda emek verir, gayret gösterirlerdi. Örneğin, herhangi bir konuda kitap okuyarak kendilerini geliştirme çabası içinde olduklarını çocuklarına gösterirlerdi. Kızılderililerin, böylesi durumlarda uyguladıkları bir yöntem var: Karşıdaki için yapabilecekleri bir şey yoksa, onun için ellerinden bir şey gelmiyorsa, en azından başka hiçbir şey yapmadan, oturarak onunla bu durumu, duygularını, bu biçimde paylaşırlar.

Sınava hazırlanan çocuğun anababası 'çok çalışma' ile 'etkili ve verimli çalışma' arasındaki farkı bilmiyorsa, bu konuda cahilse, sınırlar ve sorumluluk konusunda da sorunlar çıkar. İnsan beyninin nasıl çalıştığını bilmeyen bu anababalar, 'çok çalışma'nın gerekli olduğuna inanır. Örneğin, birçok anababa, iki çalışma arasında verilen molaların öneminin farkında değildir; öğrenci iki saat çalışsa, neden üç saat çalışmıyorsun, üç saat çalışsa, neden dört saat çalışmıyorsun diyor ve öyle görünüyor ki, bunun sonu yok. Yani, zavallı çocuk, "Ben yemeyeceğim, içmeyeceğim, uyumayacağım, tuvalete gitmeyeceğim, bu odadan hiç çıkmadan 24 saat çalışacağım!" dese, babası, neredeyse, "Neden 25 saat çalışmıyorsun?" diyecek. Anababa, bunun ne kadar sağlıksız bir şey olduğunun ve ne kadar kötü sonuçlar doğuracağının farkında değil.

Öğretmenlere yaptığım bir konuşmada, insan psikolojisini oldukça iyi anlayan öğretmen bir anne, kendi evinden şu manzarayı aktardı: "Oğlum eve geldi; heyecanlı olduğu her halinden belliydi. Ve hemen benimle sevincinin nedenini paylaştı: 'Anne, sınavdan yüz üzerinden yüz aldım!' Sınav biyoloji dersindendi ve bu dersten diğer dersler kadar başarılı değildi. Çok sevindim ve 'Aferin oğlum, biyoloji dersinden iyi not almayı kafana koydun, azmettin ve başardın. Seni kutlarım!' dedim. Onu kucakladım, öptüm. Çok memnun oldu. Gözleri ışıl ışılıldı. Sonra sordum: 'Babana söyledin mi?' Yüzü buruştu ve küskün bir sesle, 'Hayır, söylemedim,' dedi. Sonra ilave etti, 'Babama söylemeyeceğim!' Merak etmiştim, sordum; 'Niçin babana söylemek istemiyorsun oğlum?' Yine küskün bir sesle, 'Şimdi ona, baba biyoloji sınavından yüz aldım, desem, bana, Neden 105 almadın, diyecek; söylemek içimden gelmiyor, ona söylemeyeceğim!' "

İyi ki anne, çocuğunun başarısının değerini anlayarak onu yargılamadan kutlayıp yüceltebiliyor. Bu evde anne de baba gibi davransaydı, bu çocuğun çalışma şevki tümüyle körelirdi.

Sınırların ihlali yalnız ders çalışma zamanına müdahaleyle kendini göstermez. Bazı anababalar, çocuklarının spor ve bale gibi hobilerini engeller ve çocukların birlikte geçirecekleri sosyal yaşantılarına izin vermez. Bu durumda öğrenci, "Nasıl olsa annem ve babam benim yeterince çalıştığımı düşünmüyor, bari çalışmayayım" diye düşünmeye ve 'çalış' uyarısından bıkıp tam ters tepki göstermeye başlar.

Bir diğer sınır ihlali ve öğrenciye yapılan saygısızlık, anababaların "Oturuyorsun değil mi?", "Çalışıyorsun değil mi?" tarzındaki sorularıyla kendini gösterir. Bu tür soruların hiçbir yararı olmadığı gibi, bunlar öğrencileri boşu boşuna bunaltır.

Sınırlar ve sorumluluk bilinicinin, koruyucu tutum içinde nasıl ihlal edildiğini şu örnek çok güzel anlatıyor: Bir rehber öğretmen, 19 yaşındaki bir erkek öğrencisiyle yolda yürürken yağmur çiselemeye başlıyor ve biraz sonra delikanlının cep telefonu çalıyor. Telefondaki anne, "Şemsiyeni aç!" demek için telefon etmiş.

Annenin çocuğunu sevdiğinden dolayı böyle yaptığını sanmayın. Bu tür denetleyici sevgi, gerçek sevgi değildir; hastalıklı bir 'sevgi'dir ve çocuğun gelişimini çok temelden köstekler. 19 yaşındaki bu delikanlı, annesinin bu tür her müdahalesiyle biraz daha güçsüzleşir ve kendine olan güvenini kaybeder. Halbuki gerçek sevgi, kişiyi güçlendirir ve onun kendine olan güvenini artırır.

Kimi ailelerde aşırı denetim yoktur ama bunun tam karşıtı ve yine o derece zararlı, çocuğu aşırı serbest bırakma ve aşırı bağımsızlık verme vardır. Bu ailelerde, çocuk hiçbir şeyden sorumluluk duymaz; yemek vaktinde evde yoktur, kimse ilgilenip, "Neredeydin?" diye sormaz. Gece çok geç eve gelir, "Kiminleydin?" diye kimse sormaz. İstediği para verilir, "Bu parayla ne yapacaksın?" diye sorulmaz. Aşırı serbestlik ve yönlendirme eksikliği de bir sınırlar ve sorumluluk sorunudur. Bu tür ilgisizliğin baskın olduğu bir aileden gelen öğrenci danışmayı, soruşturmayı, fikir almayı öğrenemez. Böyle bir aileden gelen öğrenci, tercih listesi hazırlanırken rehber öğretmenine sormayı akıl edemez. Bir rehber öğretmenin söylediğine göre böyle bir öğrenci, uzman desteği almadan kendisinin hazırladığı listeyi teslim ediyor ve başarılı olmasına ve iyi bir üniversitenin iyi bir bölümüne girebilecek puanı almasına rağmen o yıl açıkta kalıyor.

Aşırı denetleyici anababalar ise fikrini sormadan çocuğun yerine tercihler sıralıyorlar.

Aşırı denetim özgüven yokluğuna, aşırı ilgisizlik ukalalık derecesine varan gerçekçi olmayan özgüvene yol açabilir; her ikisi de sağlıksızdır.

ÇOCUĞU ARAÇ OLARAK GÖRMEK: "BEN OLAMADIM, BARİ ŞİMDİ O OLSUN!" YANLIŞI

Rehber öğretmenlerle konuşmalarımızdan belirlediğimiz sorunlardan biri de, çocuğun anababası tarafından algılanışında yatıyor. Bu sorunu şöyle ifade edebiliriz: Ana ya da babanın kendisi, gerçekleştirmek istediği istek ve hayalleri gerçekleştirememiş; içi buruk ve hayal kırıklığıyla dolu. Şimdi bu hayalleri çocuğunun gerçekleştirmesini istiyor. Çocuğunu kendi hayallerini gerçekleştirme aracı olarak görmek, bizim ülkemizde çok yaygın bir olay. Anababalar, kendi gerçekleştiremedikleri şeyler için, farkına varmadan, çocuklarını kullanıyorlar. Çocuk hangi üniversitenin hangi bölümüne gitsin? Hangi mesleği seçsin? Anababa, çocuğu adına karar veriyor ve neden böyle yaptığını da açıklıyor: "Ben çok istedim, parasızlıktan okuyamadım, bari şimdi o okusun!"

Böyle bir ortamdaki çocuklar, uzun bir süre, kullanıldıklarının farkına varamazlar; ama yaşamlarının en sorunlu, en mutsuz anlarının birinde, büyük bir hayret ve öfkeyle, anababalarının isteklerinin aracı olarak kullanıldıklarının farkına varırlar. Yaşları ilerlemiş ve meslekte bir yerlere gelmiş oldukları için, rayına oturmuş tren gibi istemeye istemeye yaşamlarına devam ederler. Mış gibi yaşayanlar kervanına onlar da katılmışlardır. Lütfen dikkat edin, sizin çocuklarınız, mış gibi yaşayanlar kervanına katılmasın!

Çocuğu kendi egosunun aracı olarak kullanma örneklerinden biri de şöyle: Anne komşularla, tanıdıklarıyla birlikteyken ya da kadınların gün sohbetlerinde çocuğunun başarısını diğer anneleri ezmek için kullanır. Çocuğun başarısı, bu anne için sosyal itibar kaynağı oluyor.

"YEDİĞİN ÖNÜNDE YEMEDİĞİN ARDINDA, BİR TEK İŞİN VAR, ÇALIŞMAK!" YANLIŞI

Ayrıca anababalar, çocuklarını yatırım aracı olarak görebiliyor. Rehber öğretmenlerle konuşmalarımızdan ortaya çıkan diğer bir sorun da anne ve babanın çocukları için yaptıklarını söyleyerek onları baskı altına alma gayretleri. Çocuklarına çok emek verdiklerini, çok masraf ettiklerini, iyi bir yere gelmesini istediklerini anababa tekrar tekrar söylemeye başlayınca, bu sözler ilgi ve sevgi ifadesi olmaktan çıkıyor, çocuk üzerinde yoğun bir baskı oluşturabiliyor. "Dershane dedin, gönderdik. Özel ders dedin, aldırdık, cep telefonu dedin, verdik. Yediğin önünde yemediğin ardında!" dediklerinde, çocuklar verilenin başlarına kakılmış olduğunu hissediyorlar.

Çocuk kendisinin, kendisi olduğu için sevilmesini ister. Anababalar çocukla, onu bir birey olarak kabul ettikleri çıkarsız bir ilişki kurmalıdır; sağlıklı olanı budur. Bu ilişkiye, gerçek sevgi ilişkisi adını veririz. Gerçek sevgi ilişkisi, çocuğu sürekli geliştirir.

Temelde anababa, verdiğine karşılık çocuktan kendi egosu için bir beklenti içindeyse bu ilişkiye sevgi ilişkisi diyemeyiz; bu, bir tür alışveriş ilişkisidir.

Sevgi ilişkisinde anababa, çocuğunun gelişmesinden ve olabileceğinin en iyisi olarak anlamlı, coşkulu ve güçlü bir yaşamı olmasından başka bir şey beklemez.

Konuştuğumuz rehber öğretmenlerin bize söylediklerinden anladığımız o ki, çoğu ailede, 'sevgi ilişkisi' ve 'alışveriş ilişkisi' arasındaki fark bilinmiyor. Bu tür ailelerde çocukla kurulan ilişki başarıya endekslidir. Sevgi ilişkisi gibi görünse de aslında, biraz yakından bakınca 'alışveriş' temelli olduğunu görebiliyorsunuz.

Başarıya endeksli ilişkide, anababa çocuğa, "Ne kadar başarı, o kadar sevgi!" demektedir. Çocuğun özgüvenini ve kendine olan saygısını en çok zedeleyen, bu tür, başarıya endeksli anababa-çocuk ilişkisidir. Başarıya endeksli koşullu sevgi, çocuğa fayda yerine zarar verir.

Söz konusu olan bu ailelerde anababaların genellikle, "Dersler nasıl?" gibi okulla ilgili konular dışında çocuklarıyla geliştirebildikleri bir iletişim alanı yoktur.

KIYASLAMA: "CEMAL BEY'İN OĞLU TIBBI KAZANMIŞ!" YANLIŞI

Rehber öğretmenlerle yaptığımız görüşmelerden anladığımıza göre, ailelerde sık sık yapılan yanlışlardan biri de, çocuğu bir başkasıyla kıyaslamaktır. Kıyaslama başarıya engeldir ve olumsuz bir aile ortamı yaratır.

Kıyaslama, aile içinden biriyle olabilir: "Bak ablan yaptı, sen de yap!" gibi. Aile dışı kıyaslamalarda komşu ya da tanıdık çocuklarıyla karşılaştırma yapılır: "Cemal Bey'in oğlu tıbbı kazanmış, bakalım sen nereyi kazanacaksın!" gibi. Kıyaslamalar, çocukları yıpratır ve onların heveslerini kırar.

Bize anlatılan bir örnekte, bir anne kızını, sürekli aynı dershaneye giden komşu kızla kıyaslıyormuş. Dershaneye telefon edip önce komşusunun kızının, daha sonra da kendi kızının sınav sonucunu soruyormuş. Etik olmadığı için komşu kızın sınav sonucu kendisine verilmiyormuş, ama bir şekilde yine de sonuç öğrenildiyse ve komşu kızının puanı daha yüksekse, ertesi gün bu hanımın kızı ağlayarak dershaneye geliyormuş.

Bu anne, kıyaslayan bu davranışıyla, kızının başarısına destek olmamakta, tam aksine gayretini hesaba katmadığı için ona köstek olmaktadır. Kıyaslamanın sakıncalarıyla ilgili ayrıntılı bilgileri, ilerleyen sayfalarda bulacaksınız.

AİLE ORTAMI: "İLGİ VE SEVGİ YERİNE PARA VERME" YANLIŞI

Rehber öğretmenlerle konuşmalarımızdan anladığımız o ki, Türkiye'de boşanmış ailelerden gelen öğrenci sayısı hızla artmaktadır. Dikkat edilmez ve gerekli özen gösterilmezse, ailenin parçalanmışlığı da bir sorun olabiliyor. Sorun yaşayan çocukların yarıdan fazlasını, boşanmış anababaların çocukları oluşturuyor; eğer anne ve baba birbirlerinden kavgalı ve kırgın olarak ayrılmışsa, çocuğun sorunları daha belirgin oluyor. Bu durumlarda genellikle çocukların, yanında kalmadıkları ana ya da babayla ilişkileri kopuk oluyor. Bu tür öğrenciler, dershanenin verdiği formu doldururken, ailelerinin gelir durumunu gösteren bölümün, birlikte kalmadıkları anne ya da babayla ilgili kısmını boş bırakıyorlar ve "Biz görüşmüyoruz. Ne kadar para kazandığını bilmiyorum," gibi ifadeler kullanıyorlar. Hatta bazı öğrenciler, anababanın adının üstünü karalayarak, bir anlamda onu reddettiklerini belirtiyorlar.

Genel olarak öğrencilerde, ama özelikle parçalanmış ailelerden gelen çocuklarda, bilinçsiz teknolojik ürün tüketimi görülüyor. Bilgisayar, cep telefonu gibi araçlara harcanan para bilinçsiz olduğu gibi, genel olarak ev içi düzeni bozuk ailelerde, çocuklara verilen paranın miktarı da abartılı olabiliyor.

Bir rehber öğretmen şu örneği anlattı: Baba, kendisi zamanında çok sıkıntı çektiği için, oğlundan parayı esirgemiyor. Çocuğun ders çalışması için para vaat ediliyor ve böylece para karşılığı ders çalıştırılıyor. Böyle bir aile ortamının etkisiyle bu öğrenci, parayla her şeyi yapabileceğini düşünmeye başlıyor. Çocuğun devam ettiği kurumun rehber öğretmeni durumu fark ederek anneyle konuşuyor. Anne akşam eşiyle konuştuğunda, babanın yanıtı yine, "Ben çok sıkıntı çektim; kısıtlamam!" oluyor. Ertesi gün, lise birinci sınıf öğrencisi olan bu çocuk, iki bin dolarla okula geliyor ve rehber öğretmene, "Hocam paraya ihtiyacınız var mı?" diye soruyor. Bu öğrenci, her yerde sorun yaşadığından, bir eğitim yılı içinde, yaklaşık iki ayda bir olmak üzere dört özel okul değiştiriyor.

Geçmişte ekonomik zorluk yaşayan, şimdi varlıklı olan kişilerin, çocuklarına sınırsız olanaklar sunmalarıyla ilgili başka bir örnek de şöyle: Aile, çocuğa 1.5 milyarlık cep telefonu alıyor. Ancak, sorumluluk bilinci aşılanmayınca, bu yüksek teknoloji ürünü, çocuğun zamanını israf ettiği yeni bir eğlence haline geliyor. O pahalı telefonu alan aile, çocuğuna sorumluluk bilinci veremediği için rehber öğretmene gelip, 'cep telefonunu kullandırtmama' görevini veriyor. Böyle öğrencilere hizmet etmeye çalışan öğretmenlerin, ders sırasında cep telefonunun radyosundan maç dinleyen kişilerle karşılaşması da sürpriz olmuyor.

HATA ODAKLI AİLE ORTAMI

Çocuğun başarısını olumsuz etkileyen bir diğer durum da, hata odaklı aile ortamıdır.

Anababalar, çocukların geçmişteki hataları ve eksiklikleri üzerine odaklanıyor. Bu tavır sonucu özgüvenini kaybeden öğrenci, hata yapmaktan daha da korkar hale geliyor ve sınıfta söz alamıyor. Zamanla bu durum, yani çocuğun hatasına odaklı aile ortamı, çocuğun şevkini kırıyor ve hem öğrenirken hem de sınav sırasında kaygılı ve panik halinde olmasına yol açıyor.

Birçok rehber öğretmenin edindiği izlenime göre ailelerde baba, genellikle korkulan ve uzaktan kumandayla yöneten kişi olarak görülüyor. Bu ailelerin sayısı oldukça kabarık ve bu nedenle çok sayıda öğrenci korkuyor, eziliyor, acı çekiyor ve zamanla daha da başarısız hale geliyor.

Hata odaklı olma yerine, ailede aşağıda belirteceğim çaba odaklı, yaşayarak öğrenme vurgulu bir yaklaşım olsa, çocuk çalışmalarından daha iyi sonuçlar alır. Nedir bu yaklaşım? Burada kısaca sözünü edeceğim, ama ilerde daha ayrıntılı ele alacağım **yaşayarak öğrenme modeli.** Yaşayarak öğrenme modelini uygulamak için şu dört soru sorulur:

- **Ne yaptım?**: Bu soru, öğrencinin yaptığı şeyi gözlemesini sağlar. Örneğin öğrenci, "Tarih çalıştım!" diyebilir.

- **Neleri iyi yaptım?:** Bu soru, öğrencinin yaptığı iyi şeylerin farkına varmasını sağlar ve bu da onun özgüvenini artırır. Örneğin öğrenci, "Konunun kavramsal yapısını çıkardım ve ondan sonra çalışmaya başladım," diyebilir.
- **Neleri daha iyi yapabilirdim?:** Bu soru, öğrencinin, gelişmesi için nelere dikkat etmesi gerektiğine dikkatini yöneltir. Örneğin öğrenci, "Konular arasındaki ilişkileri daha iyi kurabilirdim," diyebilir.
- **Peki, bu deneyimden ne öğrendim?:** Bu soru, öğrencinin, bu deneyimden edindiği tecrübeye dikkatini yöneltir. Örneğin öğrenci, "Öğrendiğim şu oldu: Bir konunun kavramsal altyapısını oluştururken, konuların birbiriyle ilişkisini kur ve ondan sonra çalışmaya başla," diyebilir.

GERÇEĞE SAYGI: "ÇOK ZEKİ AMA ÇALIŞMIYOR!" YANLIŞI

Rehber öğretmenlerle konuşmalarımızdan anladığımıza göre, anababanın çocuğun gerçek kapasitesini görememesi, yapılan çok yaygın bir hata. Bu hata, anababanın, "Çok zeki ama çalışmıyor!" diye öfkelenerek çocuğun üzerinde daha büyük bir baskı uygulamasına neden oluyor.

Öyle anlaşılıyor ki, bu durumu, maalesef bazı öğretmenler de destekliyor. Veli toplantılarında çocuğun kapasitesiyle ilgili geribildirim verilirken, "Çok zeki ama çalışmıyor," deniyor ve her çocukla ilgili aynı şey söyleniyor. Böylece, anababa ve öğretmen, gerçek kapasitesi yetersiz bir öğrenciye de, "Çok zeki ama çalışmıyor!" etiketini yapıştırmış oluyor.

Kimi öğretmenlerin gerçekçi bir değerlendirme yaparak aileye gerçekleri sunma sorumluluğundan kaçmaları, dönüp dolaşıp sorunun rehber öğretmene gelmesine yol açıyor. "Bu çocuk çalışırsa başarır, sen bu sorunu hallet!" diye rehber öğretmenden medet umuluyor.

Rehber öğretmenlerle konuşmalarımızdan ortaya çıkan o ki,

anababalar çocuklarının kapasitesinin düşük olmasını kabullenemiyor; çocuğuyla özdeşim kurarak onun başarısızlığını kendi başarısızlığı olarak gördüğü için, böyle bir gizleme ve bahane bulma onu rahatlatıyor. Bu tür anababalar, sınavdan sonra sıklıkla, "Sınav kâğıdında işaretleme yaparken cevapları kaydırmış," diyerek başarısızlık için bir kılıf buluyor.

Bunun tam tersi olarak, öğrenciyi, "Sen yapamazsın!" diyerek aşağılayan, çocuğun kapasitesinin altında beklentisi olan, ona güvenmeyen aileler de bulunuyor. Böyle ailelerden gelen çocuklarda özgüven eksikliği, hedefi küçük tutma ve azla yetinme eğilimleri görülüyor.

Çocuğun yeteneğini gerçekçi olarak değerlendirmek ve onu, bu gerçek yeteneği çerçevesi içinde teşvik etmek çok önemlidir. Çocuğun her bir başarısı, ufak dahi olsa, onun kendine olan güvenini artıracaktır. Zamanla çocuk, ufak tuğlaların üst üste konmasından oluşan bina gibi, kendi başarı inşaatını yapmaya başlayacaktır.

ERGENLİK DÖNEMİNİ GÖRMEME YANLIŞI

Ergenlik dönemi, bireyin, yaşamındaki en önemli aşamalarından biridir. Bu aşamaya duyarlı olan ortamlarda büyüyen insanlar daha sağlıklı olur. Bu dönemin en belirgin özelliği, aileden daha bağımsız olmak ve arkadaşlarıyla ilişkisine daha çok önem vermektir.

Sınava hazırlık dönemi ergenlik dönemine rastladığından, öğrencinin aileden uzaklaşma ve birey olma eğilimlerinin anlayışla karşılanması gerekiyor. Bazen ailede herhangi bir sorun yokken, ergenler, arkadaşlarından prim toplamak için aileyle sorun yaşıyormuşçasına bir tutum içine girip arkadaşlarına yakınlaşmaya çalışırlar.

Bizim, rehber öğretmenlerle konuşmalarımızdan anladığımız o ki, öğrencilerin en çok yakındıkları şeylerden biri, anababaların sıklıkla, "Bizim zamanımızda" diyerek kendileriyle karşılaştırma yapmalarıdır. Anababaların, kendilerinin ne kadar zor koşullarda okuduklarını sık sık dile getirmeleri, olumsuz sonuçlar doğuruyor. Bu nedenle, anababaların, iki kuşağın yaşantılarının ve kültürünün farklı olduğunun bilincinde olmaları ve sık sık karşılaştırma yaparcasına konuşmamaları gerekiyor.

SİSTEMİ TANIMAMA YANLIŞI

Konuyla ilgilenen eğitimcilerin ve anababaların bildiği gibi, sınava hazırlık ve tercih listesinin hazırlanması dönemlerinde, uzman desteği almak önemlidir. Ancak, uzmanın da sorumluluğunun farkında olması ve sağlıklı yönlendirmeler yapması gerekiyor. Bir başka deyişle, güvenilip danışılan kişinin gerçekten 'uzman' olup olmadığına dikkat edilmesi çok önemlidir. Aksi halde aşağıdaki gibi tuhaf durumlar ortaya çıkabiliyor:

1999 yılında dil alanında okul birincisi olan bir kız öğrenci, kasım ayında işten ayrılan eski rehber öğretmenini arıyor. Rehber öğretmeni iyi bir yere yerleşmiş olduğundan emin olarak nereye kayıt yaptırdığını soruyor. "Yeni rehber öğretmenimle oturup konuştuk. İyi bir puan almıştım. Biraz daha çalışmayla daha iyi bir yere girebileceğimi düşündük. Okul birinciliğim yanmasın diye bu yıl tercih yapmadık!" diyor. Halbuki okul birinciliği kontenjanı, sadece mezun olunan yıl geçerli. Bir sonraki yıl, yeni dönemin okul birincileri o kontenjandan yararlanıyor.

Konuştuğumuz rehber öğretmenler sık sık, "Son dakikacı milletiz. Sınavı, sistemi bilmiyoruz," sözünü kullandı; sanırım bu, durumu ifade eden doğru bir söylemdi.

ÖĞRENCİYİ TANIMAMAKTAN KAYNAKLANAN YANLIŞLAR

Rehber öğretmenlerin dikkatini çeken önemli konulardan biri de, çoğu anababanın, çocuklarını gerçek anlamda tanımamasından kaynaklanıyor. Anababanın çocuğuyla ilişki kurması, hangi sorunlarla karşı karşıya olduğunu, bu sorunları nasıl tanımladığını, nasıl çözümler ürettiğini bilmesi önemlidir.

Anababalar bir yandan, "Ben çocuğumu tanımaz mıyım?" derken, öte yandan "Ablası/abisi şöyleydi, bu niye böyle?" diyebiliyor. Çocuğun kendine has özellikleri göz ardı ediliyor.

Çocuklardan, anababaların kafasındaki en 'doğru tavır' bekleniyor. Evde 'uslu' çocuk, okulda 'başarılı' öğrenci olması isteniyor.

Kimi anababaların çocuklarıyla iletişimleri öylesine kopuk ki çocuklarının hangi bölümde okuduklarını bile bilmiyorlar. Çocukları 'eşit ağırlık' bölümünde okurken çocuğunun doktor olmasını istediklerini söyleyenler, çocuklarının yetenekleri ve ilgileriyle hiç ilgilenmedikleri gibi, sisteme ve gerçeklere ne kadar uzak olduklarını da belli ediyorlar.

Bölüm ve meslek seçimi ile tercih listeleri hazırlanırken yetenekler göz ardı edilerek 'büyüklerce' istenilen yerlere yerleştirilme de anababalar ve öğretmenlerce yapılan bir başka hata. Onlara göre 'iyi' öğrenciler sayısal bölümlere, 'kötü' öğrenciler sözel bölümlere yerleştirilmeli. Not ortalaması 5.00 olan öğrenci, kendi yeteneklerine daha uygun bile olsa sözel bölümü seçemiyor. Sınav sonucu çok iyi olan öğrenci, "Böyle bir puan, psikoloji alanı için harcanamaz!" denilerek, öğretmenler tarafından avukat yapılmaya çalışılıyor.

Yukarıda söylediğimiz bu durumlar, gencin 'yaşam başarısı'nı gerçekleştirmesini zorlaştırıyor.

REHBER ÖĞRETMENİ ARAÇ VE ARACI OLARAK KULLANMAK: "SİZ SÖYLERSENİZ YAPAR" YANLIŞI

Rehber öğretmen, danışılacak ve bilgisine başvurularak rehberliği istenecek kişi olarak algılanmalıdır. Onların içinde çalıştığı kurumda yapacakları iş, sorulan soruyla ilgili seçeneklerin ne olduğunu anlatmak ve en uygun seçenekler hakkında fikir vermektir. Ama rehber öğretmenlerle konuşmamızdan anlıyoruz ki anababalar danışmak amacıyla değil, sık sık, "Çocuğa, siz şunu söyleyin," amacıyla rehber öğretmene geliyor.

Meslek seçiminde de veli, çoğu kez kafasında her şeyi belirlemiş olarak rehber öğretmene geliyor. Peki, bu durumda rehber öğretmenden beklediği ne? Ondan, öğrenciyi ikna etmesini bekliyor.

Rehber öğretmenlerle bir başka ilişki de şöyle oluyor: Bazı aileler, çocuklarının kendilerini dinlemeyip aşırı tepki vereceğinden korkuyor ve onlara, yapmasını istedikleri şeyleri rehber öğretmeni kullanarak yaptırmak istiyor. Örneğin: "Paltosunu giymiyor, söyle giysin", "Suyunu içmiyor, söyle içsin!" gibi.

ÇOCUKLA GEREKSİZ ÇOK KONUŞMA YANLIŞI

Rehber öğretmenlerin karşısına çıkan bir sorun da anababaların, çocuklarıyla yerli yersiz çok konuşmalarından kaynaklanıyor. Çok konuşan aile, giderek etkisini yitirdiği için artık çocuklar da onları önemsenmiyorlar. Önemsenmeyen bu anababalar rehber öğretmene giderek, "Biz konuşuyoruz, bizi dinlemiyor. Sizi dinler!" diye umudu rehber öğretmene bağlıyorlar; böylece rehber öğretmeni de aynı yanlışa ortak etmek istiyorlar.

Bütün bunlara karşın, genel olarak, anababaların rehberlik bölümüne ilgisi ve verdikleri değer zaman içinde artıyor.

SONUÇ

Rehber öğretmenlerle yaptığımız konuşmalardan genel olarak şu sonuçları çıkarabileceğimizi gördük:

Ailenin çocukla kurduğu ilişkinin türü, çocuğun okul başarısını etkileyen en önemli ve en can alıcı nokta olarak karşımıza çıkıyor. Ailenin çocuğu gerçek anlamda tanıması ve onunla ilgili olarak gerçekçi beklentiler içinde olması, çocuğun başarılı olmasına destek oluyor. O nedenle ailenin, çocukla nasıl bir ilişki içinde olduğunun bilincinde olması çok önem taşıyor.

Anababaların farkına varması gereken bir diğer şey de, söylemleri ile eylemleri arasında tutarsızlık olup olmadığıdır. Anababalar, her şeyi onlar için yapıyoruz dedikleri çocukları için çoğu zaman yapabileceklerinin çok altında şeyler yaptıklarının ya da onları olumsuz etkileyecek şeyler yaptıklarının farkında olmuyorlar. Sonuçta, psikolojik tedavi gören öğrenci sayısı giderek artıyor. Tedavi için gidilen bazı uzmanların, herhangi bir ciddi araştırma yapmadan mutluluk hapı ve kaygı giderici adı altında ilaçlarla tedavi başlatmaları da rehber öğretmenleri kaygılandırıyor. Çünkü ilaç, ailedeki bir aksaklıktan kaynaklanan sorunu gidermiyor, sadece belirtilerini bastırıyor. Sorun, alttan alta etkisini ve tahribatını devam ettiriyor.

Bir rehber öğretmen, ilaçla tedavi gören bir öğrencisinde ilacın olumsuz etkilerini görüyor. Kusma, el titremesi, göz kararması gibi belirtiler görülen, yoğun sınav kaygısı yaşayan lise ikinci sınıftaki mükemmelliyetçi bu öğrencisini, uzman desteği almaktan ve ilaç tedavisinden vazgeçiriyor. Rehber öğretmenin desteğiyle ve deneme sınavlarına gire gire sınıfını geçen ve kaygı belirtileri azalan öğrenci, lise üçüncü sınıfta etkili ders çalışmaya başlıyor ve iyileşiyor.

Bu bölümde, rehber öğretmenlere yansıyan öğrencilerin ailelerinin yaptığı yanlışlardan söz ettik. Peki, çocuğu sınava giren anababa nelerin bilincinde olmalı ve neleri doğru yapmaya gayret etmelidir?

Sorunun yanıtını gelecek bölümde bulacaksınız.

7

Çocuğumun Başarısını Desteklemek İçin Nelerin Farkında Olmalıyım?

Çiçeğin suya ve güneşe, öğrencinin destek ve takdire gereksinmesi vardır.

Bu bölümde, çocuğu sınava hazırlanan anne ve babaların nelerin farkında olmaları ve neler yapmaları gerektiğini ele alacağım.

İlk farkında olmanız gereken, çocuğunuzun içinde bulunduğu sınava hazırlanma dönemine karşı tutumunuzdur.

SINAVA HAZIRLANMA DÖNEMİNE KARŞI TUTUMUNUZUN FARKINA VARIN

İki tür tutum içinde olabilirsiniz:

1. Olumlu tutum: Sınava hazırlanma dönemini çocuğunuzun yaşama hazırlanması ve sizin çocuğunuzla ilişkinizin gelişip güçlenmesi için bir fırsat olarak görebilirsiniz.
2. Olumsuz tutum: Sınava hazırlanma dönemini, bir an önce kurtulunması gereken bir musibet olarak görüyor olabilirsiniz.

Tutumunuz ne olursa olsun, sizin tutumunuz çocuğunuzun çalışma tarzını mutlaka etkileyecektir.

Bir ergenin, yetişkin bir insan olarak toplumun saygıdeğer bir üyesi haline gelmesi her toplumda önemsenmiştir. İlkel toplumlarda ergenlikten yetişkinliğe geçiş, değişik gelenek ve görenekler çerçevesinde belirlenmiş ve bunun, kişinin yaşamında önemli bir yeri olmuştur. Erkek çocuklar güreş müsabakalarında boy gösterir, at üstünde cirit atarlardı. Kızların ev ve mutfak idaresini öğrenmesi ve iyilik yaparak insanların yaşamına değer katmaları belirlenirdi. Avustralya'da yerliler, ergenlikten yetişkinliğe geçiş dönemine gelenleri 10 gün süreyle ormana bırakır ve sağ kalanların toplumun saygıdeğer üyesi olmaya hak kazandığı düşünürlerdi. Bizde, yakın zamana kadar köylüler, askerliğini yapmamış olanın evlenmesine izin vermezlerdi.

Günümüzde sınav, ülkemizdeki gençler için sanki böyle bir ergenlikten yetişkinliğe geçiş döneminde kendini kanıtlama süreci görevini yapmaktadır. Ve anne baba olarak, yukarıda da belirttiğim gibi, sınava hazırlanma dönemine, olumlu ya da olumsuz bir tutum içinde olabilirsiniz.

Olumlu tutum

Çocuğunuzun gelişmesi ve yaşama hazırlanması bakımından sınava hazırlık döneminin size önemli fırsatlar verdiğini biliyor musunuz? İlk akla gelenleri sıralayayım:

1. Size, çocuğunuzu daha yakından tanıma fırsatı verebilir: İş adamları belirli bir proje üzerinde çalışırken, birlikte çalıştıkları ekip elemanlarını daha iyi tanıma fırsatı bulurlar. Siz de 'sınav projesi' çalışmasında çocuğunuzu daha yakından tanıma fırsatı bulabilirsiniz.

2. Çocuğunuza, kendini daha iyi tanıma fırsatı verebilir: İnsanlar, kendilerini deneyecek, güçlü ve zayıf yönlerini keşfedecek dönemlerden geçerler. Sıanava hazırlanma dönemi, çocuğunuzun kendi yeteneklerini, güçlü ve zayıf yönlerini tanıması için bir fırsat olabilir. Çocuğunuzun kendiyle ilgili elde ettiği bu içgörü ve bilgiler, daha ileriki yıllarda, onun yaşam başarısı yolculuğunda ona güç verecek kaynaklar olur.

3. Size ve çocuğunuza, yaşam üstüne konuşma ve birbirinizle ilişki kurma fırsatı verebilir: Yaşam durağan değil; dinamik ve karmaşık, kaotik süreçler ve etkileşimlerden oluşur. Bu karmaşık süreçler içinde, açık denizlerde yol alan geminin pusulaya ihtiyacı olduğu gibi, ergen yaştaki gencin de, sevgisine ve desteğine güvenebileceği birine ihtiyacı vardır. Sınava hazırlık döneminde, onun pusulası olabilirsiniz. Onun güveneceği, örnek alacağı, içini açacağı, korkularını, kaygılarını, başarı ve sevincini paylaşacağı, sevilen ve sayılan insan olabilirsiniz.

4. Hedef belirleme fırsatı olabilir: Sınava hazırlanma döneminde hem çocuğunuz hem siz, yaşamdan ne beklediğiniz konusunda düşünmek ve bu konuda sık sık konuşmak durumunda olacaksınız. Hem siz hem çocuğunuz, şu yaşamda gerçekten gönlünüzün muradının ne olduğu konusunda etkileşim kurma fırsatı bulacaksınız. Bu tür konuşma ve etkileşimleri bazı anababalar çocuklarıyla ömür boyu kurmamış ya da kuramamıştır.

5. Planlamayı öğrenme fırsatı olabilir: Hedef belirlemek çok önemlidir; ama o hedefe varmak için bir plan geliştirmeyi de becermek gerekir. Sınava hazırlık döneminde siz ve çocuğunuz, bir etkileşim içinde ilişkinizi sürdürürken, hedeflerinize ulaşmak için ne gibi bilgi ve becerilere gereksinim duyduğunuzu, bu bilgi ve becerileri nasıl elde edebileceğinizi, kısa ve uzun vadeli olarak neler yapmanız gerektiğini konuşabilirsiniz.

6. Disiplinli çalışma alışkanlığı geliştirme fırsatı olabilir: Sınava hazırlık, disiplinli çalışmayı gerektirir. Sizin çocuğunuzla ilişkiniz, disiplinli bir ilişki bilincini gerektirir. Hem çocuğunuz hem siz, bu dönemde disiplinli bir biçimde çalışarak planlama yapmayı ve hedefe ulaşmayı öğrenebilirsiniz.

7. Zamanı iyi kullanmayı öğrenme fırsatı olabilir: Hedefleri belirlerken ara hedeflerin farkına varırsınız. Bazı ara hedefler, şimdi, şu anda, hemen gerçekleştirilmelidir: Çiftçinin, mevsiminde tohumu ekmesi ve tarlayı sürmesi gibi. Bazı hedefler uzun vadeli, yılların emeğini gerektirir: bir meslek kazanmak gibi. Sınava hazırlanan çocuğunuzla etkileşiminiz devam ederken, zamanın önemini ve zamanın nasıl kullanılacağını öğrenmenin değerini birlikte keşfedebilir ve öğrendiklerinizi uygulayabilirsiniz.

8. 'Çok çalışma' ile 'etkili ve verimli çalışma' arasındaki farkı görerek daha etkili bir yaşam oluşturmayı öğrenebilirsiniz: Birçok anababa, 'çok çalışmak' ile 'etkili çalışmak' arasındaki farkı bilmez. Siz de sınava hazırlık döneminde bu ikisi arasındaki farkı öğrenerek, yaşamınızın diğer alanlarında da 'etkili' olmayı öğrenebilir, dolayısıyla etkili bir yaşama sahip olabilirsiniz.

Başka fırsatlar da yakalayabilirsiniz. Bu fırsatları yakalayabilmek için, her şeyden önce sınava hazırlık dönemine olumlu bir tutumla bakmanız gerekir. Bu olumlu tutum, sınava hazırlık dönemini çocuğunuzla ilişkinizde, yaşamınızın başka hiçbir zamanında olmayacak kadar yakınlaşma, birbirinizi tanıma ve birbirinize destek olma fırsatı verebilir.

Erkekler için, 'askerlik arkadaşı' farklıdır.

Niçin?

Çünkü askerlik belirsizliklerle dolu olarak başlayan kaygılı, gergin, ciddi bir dönemi kapsar. Bu dönemde kişiler birbirlerinin tüm zayıflıklarını ve güçlü yönlerini görürler. Arkadaş olduğunuz kişi, sizi her şeyinizle olduğunuz gibi kabul ederek arkadaşınız olmuştur, siz de onu olduğu gibi kabul etmişsinizdir. İlişki, görünüş üzerine kurulu bir yüz ilişkisi değil, can cana bir dostluk ilişkisidir ve pek çok kez ömür boyu devam eder.

Sınava hazırlık dönemini, böyle ömür boyu sürecek bir 'askerlik arkadaşı' edinme fırsatı olarak görebilirsiniz.

Olumsuz tutum

Sınava hazırlanma dönemini istenmeyen, bir an önce kurtulunması gereken olumsuz bir devre olarak görebilirsiniz. Siz sınava hazırlanmayla ilgili her şeye öfkeyle, gerginlikle bakabilir ve gereken şeyleri yapsanız bile, isteksiz olarak yapabilirsiniz.

" Öf! Yine..." türü bir ifade, sınavla ilgili bütün ifadelerin başına gelir:

"Öf! Yine çocuğu dershaneye göndermek zorundayım!"

"Öf! Yine çocuğun öğretmeniyle konuşmak zorundayım!"

"Öf! Yine rehber öğretmen beni istemiş!"

"Öf! Yine çocukla konuşmamı istediler!"

Ve benzeri...

Bu tutum olunca, evde olumsuz bir ortam oluşur ve çocuğunuz sınava hazırlanma dönemi sürerken, sonunda şöyle bir içgörü geliştirebilir: "Ben değersiz, sevilmeyi hak etmeyen, tembel, yeteneksiz, başarısız olmaya mahkûm biriyim!"

O nedenle, ilk farkında olmanız gereken şey, çocuğunuzun içinde bulunduğu bu sınava hazırlanma dönemine karşı nasıl bir tutum içinde olduğunuzdur.

NİYETİNİZİN SAFLIĞININ BİLİNCİNE VARIN

İkinci farkında olmanızı istediğim, çocuğunuzla ilişkinizde niyetinizin saflığının farkına varmanızdır. Bu kitaptaki 3. Bölüm'de niyetin saflığından söz ettim. Niyetin saflığı, 'göstermelik' ve 'gerçek niyet' arasındaki ilişkiyi belirtir. Bir kişinin gösterdiği ve gerçek niyeti birbirine ne kadar yakın ise, o kişinin niyeti o derece saftır. Gösterdiği ve gerçek niyeti birbirinden ne kadar uzak ve ilgisiz ise, o kişinin niyeti o derece saflıktan uzaktır.

Çocuğunuza gösterdiğiniz niyet ile kendi içinizde taşıdığınız niyet aynı mı? Dışınızdan gösterdiğiniz niyet, "Ben senin iyiliğini istiyorum; yaşamının daha rahat ve mutlu olması için senin şunları şunları yapmanı istiyorum!" derken içiniz bu söylediklerinize inanıyor mu? Sakın içiniz, "Başarılı ol da el âleme hava atayım, diğer babaların/annelerin yanında kendimi daha değersiz görmeyeyim" ya da "Sen benim geleceğim için bir yatırım aracısın, çok para kazanacak bir duruma gel de, ben de senin sayende gelecek kaygısı çekmeyeyim," diyor olmasın!

Kendi niyetinizin saflığının farkına varma süreci içinde, çocuğunuzun sınava hazırlanma sürecindeki niyetinin ne olduğunu da keşfedin. Çocuğunuzun da 'göstermelik' ve 'gerçek' niyeti vardır. Onları keşfetmesine yardımcı olun. Siz kendi niyetinizin saflığını irdeler ve keşfederken, onun da niyetinin saflığını irdelemesine olanak sağlayın.

Şunu hiç aklınızdan çıkarmayın; çocuğunuzun derslerine şevkle, istekle, gayretle çalışmasının temelinde onun niyetinin saflığı yatar. Sınava hazırlanma sürecinde niyetinin saflığını yakalayamamış bir öğrenci, kendi içinden gelen bir istekle çalışmayacaktır; sürekli dışarıdan dürtüklemek ve zorlamak gerekecektir.

Niyetinizin saf olup olmadığını, çocuğunuz için ne tür bir başarı istediğinizi düşündüğünüzde daha açık seçik görebilirsiniz.

ÇOCUĞUNUZ İÇİN NE TÜR BİR BAŞARI İSTEDİĞİNİZİN FARKINA VARIN

Üçüncü farkında olmanız gereken, çocuğunuz için ne tür bir başarı istediğinizdir.

Bölüm 2'de şöyle demiştim: "Yaklaşık kırk beş yılını insan ilişkilerini incelemekle geçirmiş biri ve bir bilim adamı olarak, Ayşe ve Ahmet'in yaşamlarında nelerin aksadığı konusunda tahminlerim ve kanaatlerim var. Bu kırk beş yılın verdiği birikimle, şimdi size, çocuklarınızla ilişkinizde, onlardan nasıl bir başarı beklediğiniz konusunda bilinçli olmanızı söylüyorum.

Nasıl bir başarı beklediğinizin bilincinde misiniz? Sizin başarı beklentiniz ve o beklentinin altında yatan düşünceler, isteseniz de istemeseniz de, farkında olsanız da olmasanız da çocuğunuzla ilişkinizin temellerinden birini oluşturur.

Ders, okul, meslek, iş, aile ve yaşam başarısını inceledikten sonra size bir soru sormuştum: "Çocuğunuz sınava hazırlanırken ve siz onun anababası olarak onunla ilişki kurarken açık seçik bir tavır geliştirmeniz gerekir. Neye karar verdiniz? Çocuğunuz nasıl bir yaşama sahip olsun, 'keşke'leri mi, yoksa 'iyi ki'leri mi çok olsun?"

Bölüm 3'te dört tür başarı üstüne yaptığınız uygulamada sonuç neyi gösterdi? Hangi tür başarı sizin için önemli görünüyor? Sanırım bu kitabı eline alıp okuma zahmetine katlanan ve bu sayfaya kadar okuyan tüm anne ve babalar, çocukları için yaşam başarısı isterler. Yani, çocuklarının anlamlı, coşkulu ve güçlü bir yaşamı olsun isterler.

O zaman bu hedefi unutmamak gerek: Çocuğunuzun yaşamının anlamlı, coşkulu ve güçlü olmasını destekleyecek şeyler yapın.

Okul, meslek, iş ya da aile başarısı saplantı haline gelirse işte o zaman kişinin yaşamı dengesizleşmeye, anlamını ve coşkusunu kaybetmeye başlar. Ama yaşam başarısı için diğer başarıları feda etmek zorunda değilsiniz. Diğer başarılar, yaşam başarısını destekleyecek bir adım olarak gelişebilir.

Nasıl mı?

1. Çocuğunuzu kendi yaşamının direksiyonuna oturtmak niyetinizin farkına varın.
2. Direksiyonuna oturmuş olduğu yaşamı tanıması için çocuğunuzun:
   - Kendi kişiliği, bedeni, beyniyle ilgili,
   - İnsan ilişkileri, zaman kullanımı gibi yaşamın değişik boyutlarıyla ilgili bilgi ve becerilere gereksinimi vardır.

   Bu bilgilere ulaşabilmesi için ona yardımcı olun.
3. Çocuğunuzun yaratıcı ve üretken gücünü koruyun. Her çocuk gibi sizin çocuğunuz da doğuştan yaratıcı ve üretken doğmuştur. Ona önem verin, onu gerçekten dinleyin ve anlayın, ona saygı duyun!
4. Kısa vadeli değil, her eyleminizin çocuğunuz üzerindeki uzun vadeli etkisini de düşünün. O nedenle, "Ders başarısında ısrar ederken, acaba çocuğumun özgüvenini sarsarak onun yaşam başarısını engelleyen bir etki yaratıyor muyum?" sorusunu sorun.
5. Çocuğunuzun, kendi duygularının, düşüncelerinin, yaptığı seçimlerin altında yatan değerlerinin farkına varmasını sağ-

layın; çünkü ancak o zaman onun yaşam başarısına destek olursunuz. "Nasıl sağlarım farkına varmasını?" sorusu aklınıza gelmiş olabilir. Çocuğunuzla iletişim içinde olmanız, açık ve dürüst bir iletişim ve can cana ilişki kurmanız, onun hem sizin değerlerinizi ve hem de kendi değerlerini keşfetmesine olanak sağlayacaktır.

ÇOK ÇALIŞMAK İLE ETKİLİ VE VERİMLİ ÇALIŞMAK ARASINDAKİ FARKI UNUTMAYIN

Çocuğunuz çalışırken en çok dikkat edeceğiniz nokta, onun etkili ve verimli bir şekilde çalışmasını sağlamaktır. Bunun için en dikkat edilecek şey, çocuğun kaygı, stres ve panikten uzak, istek ve şevkle, aynı zamanda anlayarak çalışmasıdır. Çocuğunuzla öyle bir ilişki kurun ki, o, sizinle açık seçik konuşabilsin ve hiç çekinmeden düşündüklerini sizinle paylaşabilsin.

Çocuğunuzun ders çalışmasıyla ilgili şu konularda konuşabilmelisiniz:

1. Çocuğunuz neyi öğrenmek istediği ve niçin öğrenmek istediği konusunda netleşmiş mi? "'Ne' çalışıyorum ve 'niçin' çalışıyorum?" sorusunun yanıtını açık seçik biliyor mu? (Bilmiyorsa, bunda yalnız çocuğunuzun değil sizin de sorumluluğunuz var. O nedenle sevgi ve saygıyla –saygının altı çizili– ve de sabırla öyle bir iletişim kurun ki, oluşturduğunuz bu etkileşim ortamı içinde çocuğunuz değişik hayallerinden bahsetme olanağı bulsun. Bu hayallerden biri, zamanla gelişerek onun gönlünün muradını oluşturacaktır.)
2. Okuduğu her konuyu, anlamını keşfederek ve daha önce bildikleriyle ilişkilendirerek öğreniyor mu?
3. Daha önce öğrendiklerini hatırlayıp hatırlamadığını ara sıra yokluyor mu?
4. Yeni bir konuya başlamadan önce, bu konudan önce gelen temel kavramları şöyle bir gözden geçiriyor ve şimdi öğ-

renmekte okudukları ile daha önceki öğrendikleri arasında ilişki kuruyor mu?

4. Bölüm'de belirttiğimiz gibi kaygı, stres, panik, çocuğunuzun kısa süreli belleğini çalışamaz hale getirir ve o, ders çalışmak için masa başında kaç saat harcarsa harcasın, öğrenemez. Anababa olarak sizin yapabileceğiniz en akıllıca şey, çocuğunuz ders masasına oturduğu zaman onun kaygıdan, stresten ve panikten uzak, sakin bir zihinle çalışmasını sağlamak olmalıdır.

BAŞARILI İNSANLARDA BULUNAN ÖZELLİKLERİ HATIRLAYIN VE ÇOCUĞUNUZDA BU ÖZELLİKLERİ GELİŞTİRMEYE ÖZEN GÖSTERİN

Burada, 5. Bölüm'de sözünü ettiğim özellikler üzerinde durmak istiyorum. Bu özellikler listesi, başarılı insanlar üzerinde yapılan gözlem ve araştırmalar sonucu oluşturulmuştur. Çocuğunuzun başarılı insan olmasını istediğinize göre, siz de bu özellikleri çocuğunuzda görmek istersiniz. Öyleyse çocuğunuzda aşağıda belirtilen bu özelliklerin gelişmesine yardımcı olun:

Başarma hevesi

Şevk, arabanın yakıtına benzer; aracınız teknolojik yönden en ileri bile olsa, yakıtı yoksa çalışmaz. Çocuğunuz ne kadar zeki olursa olsun, başarma isteği ve hevesi yoksa verimli ve etkili bir biçimde çalışmayacaktır. Çocuğunuzun sınırlarına ve sorumluluklarına saygı duyun, onu istekli ve şevkli tutmanın sırrı burada yatar.

Hedefini bulmak, gönlünün muradını keşfetmek

Anababa, 'Destekleyen Aile' tutumu içinde çocuklarının, kendi hedeflerini konuşa konuşa kendilerinin belirlemelerine olanak sağlarsa, bu süreç içinde çocuk gönlünün muradını keşfeder. Bölüm 5'te bu süreçten uzun uzun bahsettiğim için burada sadece kısaca hatırlatıyorum.

Duygu ve düşüncelerinin farkına varmak ve kendine güven duymak

Çocuğunuzla ilişkinizde aşağıdaki beş mesajı verdiğinizden emin olun. Sürekli bu bilinçle konuşur ve dinlerseniz, çocuğunuz duygu ve düşüncelerinin farkında olarak büyür ve sizin ona duyduğunuz saygı, onun kendine duyduğu saygının temelini oluşturur.

- Seni umursuyorum; sen benim için varsın, önemlisin.
- Seni, olduğun gibi, yargılamadan kabul ediyorum; senin davranışında aksaklıklar olabilir; ama senin özün çok muhteşem ve orada hiçbir şey eksik değil.
- Sen değerlisin; şu evrende senin gibi bir tane daha yok. Ailedeki her bir çocuğumuz gibi, senin yerin de başka ve doldurulamaz.
- Senin, istediğini yapabilme yeteneğine, gücüne güveniyorum, inanıyorum.
- Sen, sen olduğun için sevilmeye, kendin olarak gelişmeye layıksın.

Seçimlerinin bilincinde olmak ve seçimlerinden sorumluluk almak

Bölüm 5'te on iki önemli seçimden söz ettim. Bu seçimler, zaman içinde kişinin yaşamına yön verir. Çocuğunuzun seçimlerini kendisinin yapmasına özen gösterin. Siz onun yerine seçimler yapmayın, o seçimler yaparken sizi bir danışman, bir rehber olarak kullansın.

Çocuğunuz seçimlerini yaparken ailenin gelirini ve kendi kaynaklarını gerçekçi olarak hesaba katmalıdır. Arkadaşları belirli bir marka ayakkabı alıyor diye, kendi parasal olanaklarının üstüne çıkarak, kendisi de o marka ayakkabı almamalıdır. Burada 'almamalıdır!' derken, siz mani olun demek istemiyorum.

Siz çocuğunuzla öyle bir iletişim içinde olun ki, o, kendisinin yaşam başarısı yolculuğu içinde olduğunu bilsin. Kim olduğuna giydiği marka mı karar verecek? Bunun bir seçim olduğunu keşfetsin. Bazı insanlar, kendi yaşamlarının anlamını sahip oldukları şeylerle özdeşleştirir, bazıları yaşamlarının anlamını varoluşlarından alır. Bu ikisi arasındaki fark önemlidir ve konuşulması gerekir. Siz, 'sahip olmak' ve 'var olmak' arasında bir seçim olduğunu gösterirseniz, anababalık görevini yapmış olursunuz.

Çocukta bu özelliklerin gelişmesine yardımcı olurken sizlerin de aile ortamında dikkat etmeniz gerekenler var:

Çocuğunuzun sosyal yaşamının önemini bilin

Ergenlik çağındaki gençlerin arkadaşları çok önemlidir ve onların, çiçeğin suya ve güneşe duyduğu gereksinim gibi bu arkadaşlara gereksinimi vardır. Çocuklarınız bu arkadaşlarıyla günün, haftanın belirli zamanlarında bir araya gelerek kendilerince iyi vakit geçirmek isterler. Sınırlar ve sorumluluk bilinci iyi gelişmiş bir genç, kendine neyin yararlı neyin zararlı olduğunu bilerek davranır.

Çocuğunuza güvenin; onda sınırlar ve sorumluluk bilinci geliştirmenin tek yolu, ona güvenmekten geçer. Ona güvenin ve onunla sürekli iletişim içinde olun.

Yukarıda sözünü ettiğimiz seçimlerin bilincinde olarak çocuğunuzu arkadaşlıklarında ve sosyal yaşamında özgür bırakın. Unutmayın, siz yalnız sınav başarısıyla ilgilenmiyor, yaşamda başarılı olması gereken bir gencin yaşamının temellerini atmasına rehberlik ediyorsunuz.

Çocuğunuzu başka kişilerle kıyaslamayın

Çocuğunuzu, aile içinden veya dışından biriyle kıyaslamayın. Kıyaslamanın birçok zararı vardır.

Kıyaslamanın ne gibi zararları olabilir? Sıralayalım:

1. Kıyaslama, bir başkasına olan beğeninizi ve hayranlığınızı ifade ederken, çocuğunuz için bu duyguları taşımadığınızı ve onun başarabileceğine güvenmediğinizi ima eder.

2. Kıyaslama, sonuç odaklı bir tutumu ifade eder. Çocuğunuzu bir başkasıyla kıyasladığınızda, onun gösterdiği gayreti, hevesi, şevki hiç hesaba katmadığınızı, bütün ilginizin, elde edilecek sonuçta odaklandığını ifade etmiş olursunuz. Gösterdiği gayret ve hissettiği hevesin sizin gözünüzde bir değeri olmadığını anlayan çocuk, hayal kırıklığına uğrar ve şevkini kaybeder.
3. Sonuç odaklı bir başarı anlayışı çocuğun gücünü elinden alır, sonucu değerlendirecek olan bir dış otoritenin eline verir. Sonuç odaklı başarı anlayışı, çocuğun öğrenme ve gelişme şevkini öldürdüğünden, onun sürekli gelişiminin en büyük engelini oluşturur.
4. Bir insanın sürekli gelişimini ve iyileşmesini sağlayan en önemli kaynak, onun yaşam deneyimleridir. Öğrenci yaşam deneyimini sonuç odaklı olarak değerlendirirse sürekli karşısına, "başardım" ve "başaramadım" seçenekleri çıkar. "Başardım" ve "başaramadım" seçenekleri arasında kaldığı sürece, çocuğunuz gelişmeye olanak bulamaz. Çocuğunuz yaşam deneyimine çaba odaklı yaklaştığında ise, karşısına bir öğrenme ve gelişme fırsatı çıkar. Bölüm 5'te 'hatalardan ders alma' sürecini ayrıntılı olarak anlatmıştım; burada hatalardan ders alarak gelişmeyi sağlayan dört adımı kısaca hatırlatmak istiyorum:
   - Ne yaptım?
   - Neleri iyi yaptım?
   - Neleri daha iyi yapabilirdim?
   - Nelerin farkına vardım, yaptığım hatalardan ne dersler aldım?

   Böyle bir yaklaşım, çocuğunuza yalnız sınava hazırlanmakta yardımcı olmaz, onun yaşam boyu ve yaşamının her yönünde gelişmesinde yararlı olur.

Burada, oğlum Timur'la ilgili bir "başarısızlık" anımı paylaşmak istiyorum.

Timur lise 2'deydi ve okulunun basketbol takımında oynamaktaydı. Ben, genellikle cuma akşamları, Timur'un okulunun katıldığı okullararası maçları seyrederdim ve maçtan sonra genellikle Timur'la pizza yerdik.

Bir akşam o bölgenin liselerarası basketbol şampiyonluk turnuvasının son maçı oynanacaktı. Bu maçı kazanırsa Timur'un lisesi şampiyon olacaktı.

Maçın bitmesine 8 saniye vardı; Timur'un okulunun skoru 60, karşı takımın skoru 61 idi. Top Timur'un eline geçti. Timur top sürerek iki-üç oyuncuyu geçti ve maçın bitmesine 4 saniye kala karşı takımdan bir oyuncu topu Timur'dan kaptı. Topun peşini bırakmayan Timur, topu yeniden alıp potaya doğru fırlattığında, kronometre son saniyeleri gösteriyordu.

Bütün salon nefesini tuttu; top potada iki-üç kere döndükten sonra dışarı çıktı. Hakem düdüğünü çaldı. Oyun bitmiş ve öbür takım şampiyon olmuştu. Öbür takım taraftarı coşkuyla sahaya dolarken ben Timur'a bakıyordum. Zavallı oğlumun, şişirilmiş bir balonun havasının boşaltılmasında olduğu gibi, gözlerimin önünde omuzları çöktü, gözlerini yere dikti ve çok mahcup ezik bir tavır içinde soyunma odasına doğru yürüdü.

Normal olarak beş dakika içinde soyunma odasından çıkan oğlum, o gün 35 dakika sonra çıktı. Ben neşeli bir tavır içinde, "Timur, haydi pizza yemeye gidelim," dediğimde, yüzüme bile bakmadı ve homurdanarak, "Benim başım ağrıyor, ben eve gideceğim ve yatacağım," dedi.

Ne diyeceğimi bilemiyordum; sessizce arabaya yürüdük. Arabanın arka koltuğuna çantasını attı, uzanarak başını çantasının üstüne koydu ve koluyla da gözünü kapattı. Gideceğimiz 80 kilometrelik uzun bir yol vardı; yola koyulduk. Araba yola çıktıktan on beş dakika sonra, zayıf bir sesle, "Baba, biliyorum benden utanıyorsun. Özür dilerim," dedi.

Bu söz içimi alev gibi yaktı. Aslında Timur'dan utanmıyordum; ama onunla ne konuşacağımı, nasıl konuşacağımı bilemiyordum. Bir çaresizlik duygusu içindeydim.

Zaman kazanmak için, "Bir şey mi dedin Timur?" diye sordum. Öfke ve hayal kırıklığıyla çınlayan bir sesle, "Ne dediğimi duydun!" dedi.

Ben psikologdum. Oğlumun ise şu anda bir psikoloğa değil, babasına ihtiyacı vardı ve ben babası olarak ona ne diyeceğimi bilemiyordum.

Ne olursa olsun niyetimin saflığı içinde oğlumla konuşmam gerektiğinin farkındaydım. İlk fırsatta bulduğum ilk uygun yere arabayı park ettim. Timur, kolu yüzünün üstünde arabanın arkasında yatıyordu. Onunla konuşmaya başladım:

"Bak oğlum, önce senden özür dilerim. Sorunu duydum ama ne diyeceğimi bilemediğim için, zaman kazanmak amacıyla duymamış gibi yaptım. Oğlum, kendi içime sorduğum zaman, orada senden utanmak diye bir duygu bulamıyorum. Duygumun ne olacağına karar vermeden önce sana iki soru sormak istiyorum, lütfen sorularımı yanıtla," dedim.

Hiç ses çıkarmadı. Bu sessizliği, "Tamam sor," olarak yorumladım ve sorularımı sordum.

"Oğlum ilk sorum şu: Sen bu oyunu oynarken elinden gelenin en iyisini yapmaya gayret ettin mi?"

Timur öfkeli bir sesle, "Tabii!" diye yanıtladı.

Niye öfkelendi diye düşündüm ve hemen anladım. Timur her sabah saat 05.45'te kalkıyor ve yürüyüş mesafesindeki okula giderek saat 06.15–07.15 arası arkadaşlarıyla antrenman yapıyordu. Beni veya annesini memnun etmek için değil, bunu, kendisi istediği için yapıyordu. Bu durumu bilen bir baba, "Elinden gelenin en iyisini yapmaya gayret ettin mi?" diye sormamalıydı.

İkinci sorumu sordum: "Peki oğlum, elinden gelenin en iyisini yapmaya çalışırken, coşkulu ve şevkli miydin?

Timur, yine sinirli bir sesle, "Tabii!" dedi.

Her sabah 05.45'te antrenman yapmak için kalkan biri herhalde şevkli ve istekli oynardı. Bunu anlamamı bekliyordu.

"O zaman beni iyi dinle oğlum," dedim ve devam ettim, "benim seninle ilgili içimdeki duygu, senden utanmak değil, bunun tam zıttı. Ben seninle gurur duyuyorum. İçimdeki ses, 'Benim yiğit oğlum!' diyor. Niçin böyle hissediyorum? Çünkü her şeyden önce korkak davranmadın, riske girdin topu aldın, götürdün, başkasına atmadın, kendin götürdün. Topu kaybettin ama peşini bırakmadın ve topu potaya atma cesaretini sen gösterdin. Bu bir!

"Bak oğlum, yaşamda gerçekçi olmak çok önemlidir ve senin gücün gerçekçi olmandan gelir. Gerçekte her durumda senin denetimin altında olan iki temel faktör vardır: elinden gelenin en iyisini yapmak ve bunu coşkuyla yapmak. Sen, denetimin altında olan her iki şeyi de yaptın. Senden nasıl utanabilirim? Elinden gelenin en iyisini coşkuyla yapmaya devam edersen, eninde sonunda mutlaka başarılı olursun. Ancak aklı kıt olanlar, kendilerini belirli bir sonuca adarlar ve bu iki önemli faktörü ihmal ederler. Ama ben aklı kıt bir baba değilim. Seni başarılı görüyorum ve seninle gurur duyuyorum!"

Bunları söyledikten sonra şöyle bir düşündüm, başka söyleyecek bir şey yoktu. Arabayı çalıştırdım ve tekrar anayola çıktım, eve doğru gitmeye başladık. Sekiz-dokuz dakika sonra Timur kolunu yüzünden çekti ve rahatlamış bir sesle, "Baba, haydi pizza yemeye gidelim!" dedi.

O akşam pizzamızı yerken hiç maçtan konuşmadık ve Timur çok rahat ve neşeli görünüyordu.

Aradan altı yıl geçti. Timur, üniversiteden makine yüksek mühendisi olarak mezun oluyordu ve o gün onun mezuniyet törenine birlikte gidiyorduk. Arabayı o kullanıyordu. Sabahın erken saatlerinde yola çıkmıştık ve radyoda güzel bir melodi dinliyorduk. Bir süre sonra radyoyu kapattı, sağ elini boynuma attı ve kafamı omzuna çekti. Hiç unutamayacağım şu sözleri söyledi: "Baba, sen dünyanın en iyi babasısın!"

Müthiş mutlu olmuştum. Ben kendimi iyi bir baba olarak görmediğim için biraz hayret etmiştim; ama Timur'un bu cümleyi içtenlikle söylediğinden hiç kuşkum yoktu.

Önce Timur'un verdiği bu hediyeyi içime sindirdim. Hayal ettim; birisi bana gelse ve şöyle dese: "Oğlunun sana bu söylediklerini unutman için istediğin parayı sana vereceğim; bedeli ne ise söyle. Bu bedeli sana ödedikten sonra bugünle ilgili anını belleğinden ömür boyu sileceğim!"

Kısa bir düşünmeden sonra şunun farkına vardım ki, oğlum Timur, parasal olarak hiçbir bedelle değiştiremeyeceğim bir zenginlik vermişti bana. Kendisine teşekkür ettim ve kafam hâlâ omzuna dayalı olarak, "Neden oğlum?" diye sordum.

Kafamı bıraktı ve konuşmaya devam etti:

"Baba, o gün sen bana, pusula gibi kullanacağım iki ilke verdin: 1. Her ne yaparsan yap, elinden gelenin en iyisini yap; 2. Yaptığını şevkle yap!

"Baba, bu iki temel ilke beni stresten ve gerginlikten kurtardı. Stres ve kaygı bana artık etki etmiyor. Ve bu iki ilkeyi, ders çalışırken, sınava hazırlanırken, proje hazırlarken, spor müsabakalarında kullandım. Şimdi iş yaşamına atılmak üzereyim ve bu iki ilkeyi iş yaşamında da kullanacağım."

Potaya topu atamadığı zaman Timur'a, "Okulun senin yüzünden şampiyonluktan oldu. Yazıklar olsun sana! 'Oğlum takımı şampiyonluğa götüren basketi yaptı,' diyebilecekken, beceriksizliğinden ötürü şimdi diyemiyorum. Gözüme görünme!" demiş olsaydım, sonuç odaklı konuşmuş olacaktım ve Timur'un üzerindeki bu sözlerin etkisi herhalde şimdikinden çok farklı olurdu.

Ailedeki büyüklerin destekleyici tavır içinde olmasını sağlayın[4]

Önce sınava hazırlanan çocuğunuzla konuşun ve ondan şunu isteyin: "Evimize sık sık gelen ve görüştüğümüz insanlar var; ninen ve deden gibi bazıları bizde yatılı da kalmaktadır. Senin verimli çalışman için onlardan istediklerin ne? Düşün, bir liste çıkar, bir konuşalım."

Çocuğunuzun hazırladığı listeyi birlikte gözden geçirin ve daha sonra bir aile toplantısı yapın. Bu aile toplantısında nine, dede, amca, hala, eve gelip gitme durumu olan herkes bulunsun. Bu toplantıda çocuğunuz, listesindeki isteklerini dile getirsin. Her bir isteğinin kendisi için önemini açıklasın ve üstünde konuşulsun.

Örneğin, öğrencinin çalışma odası salona bitişiktir ve televizyonun sesi ders çalışırken çocuğun dikkatini dağıtmaktadır. Öğrenci sınava hazırlık dönemi içinde o derse çalışırken salonda TV seyredilmesini istememektedir. Ya da çocuğunuz sigara dumanından rahatsız olmaktadır ve eve sık sık gelen teyze ve onun kocası evde sürekli sigara içmektedir.

Öğrencinin isteklerine itirazları olanlar, itirazlarını yapsın ve karşılıklı bir anlayışa varılıncaya kadar üstünde konuşulsun. Belki TV, yatak odalarından birine taşınabilir. Teyzenin kocası sınav hazırlık döneminde eve geldiğinde sigara içmekten vazgeçer. Belki uzun süre yatılı kalmalar ve annenin günleri bir süre için ertelenebilir.

Sınava hazırlanan öğrenci, kendi sınırlarına ve sorumluluklarına saygı duyulduğunu görürse, onun kendine olan saygısı ve çalışma şevki artar.

Çocuğunuzdan beklediğiniz azim, sebat ve gayreti kendi yaşamınızda siz de gösterin

Sınava hazırlanan çocuğuna destek olmak için anne ve baba kendilerini geliştirmek için bir çaba gösterebilirler. Örneğin bir baba, "Evladım, sen azim, sebat ve gayret gerektiren bir devreye girdin. Bu devrede ben de seni yalnız bırakmayacağım. Sen sınava hazırlanırken ben de Almanca öğrenmeye başlayacağım. Senden beklediğim azim, sebat ve gayreti Almanca öğrenirken göstereceğim," diyebilir.

Bir anne daha önce kitap okumasa dahi, çocuğu sınava hazırlanırken kendini geliştirme kitapları okumaya başlayabilir ve böylece çocuğuyla nasıl daha etkili iletişim kurabilir, özellikle nasıl daha iyi bir dinleyici olabilir, onu öğrenebilir. Burada verilmek istenen temel mesaj şudur: "Seni seviyoruz ve seni gayretinde yalnız bırakmak istemiyoruz; biz de kendimizce bir gayrete girerek sana yoldaşlık yapıyoruz."

Ailenin maddi durumu konusunda, sınırlar ve sorumluluk bilinci içinde çocuğunuzla mutlaka konuşun

Sınırlar ve sorumluluk bilinci geliştirmenin en güçlü yollarından biri, çocuğunuzla parasal konuda dürüstçe konuşmak ve onunla birlikte gerçekçi bir bütçe yapmaktır. Çocuğunuzla birlikte oturun ve ailenin olanakları çerçevesinde ona haftalık bir harçlık belirleyin. Bu harçlık, onun okula geliş gidiş yol parasını, dışarıda yiyeceği yemekleri, arkadaşlarıyla birlikte harcayacağı parayı kapsamalıdır. Ailedeki diğer çocuklarla birlikte onun payına düşeni hakkaniyet çerçevesinde yansıtmalıdır.

Bu para gerçekçi olmalı ve bu paranın yönetimi tamamıyla çocuğun kendisine bırakılmalıdır. İsterse çocuğunuz bu parayı bir günde harcayabilir; ama şunu bilmeli ki, öbür harçlık gününe kadar sizden bir kuruş dahi alamayacaktır.

Bu konuda sizin titizliğiniz, ona paranın değerini ve bilinçli para kullanmayı süratle öğretecektir. Bilinçli para kullanmayı öğrenen çocuğunuz, yaşam başarısı için çok önemli bir ders almış olacaktır.

Paranın değerini öğrenen, zamanın ve etkili çalışmanın da değerini öğrenmeye başlar. Ailenin maddi durumu çerçevesinde çocuğunuzla gerçekçi bir bütçe yapmaya özen gösterin.[5]

Bu bölümde, anababa olarak sınav döneminde nelerin farkında olmanız gerektiği hakkında konuştuk. Sınav dönemi geçecek ama yaşam devam edecek. Önümüzdeki bölümde, yaşam başarısıyla ilgili farkındalıkları ve kendi başımdan geçen kaygılı bir dönemi paylaşmak istiyorum.

8

Yaşam Başarısına Yolculuk

Gerçek özgürlüğün kaynağını, elinden gelenin en iyisini yapma gayreti ve yaparken coşkulu olma bilinci oluşturur.

Kitabın son bölümüne geldik. Bu bölümde, ilk olarak kendi eğitim sürecimde yaşadığım bir başarısızlık kaygısını sizinle paylaşmak istiyorum. Daha sonra, çocuğumuzun yaşam başarısı yolculuğunda anababa olarak farkında olmamız gerekenleri genel olarak gözden geçirmek istiyorum.

BİR DOKTORA PROGRAMI ÖYKÜSÜ

Ortaokul ve lise yıllarımda, kendi gayretimle İngilizce öğrendim ve üniversite öğrenciliğim döneminde İngilizcemi kullanarak bazı İngilizce psikoloji kitapları okudum. Üniversiteyi bitirdikten sonra bölüm başkanı, Psikoloji Bölümü'ne gelen Amerikalı ziyaretçi profesörlerin derslerini tercüme etmemi benden istemişti ve ben bölüm başkanının bu isteğini, '*artık İngilizceyi biliyorum*'un kanıtı olarak gördüm.

Amerika'ya doktora öğrencisi olarak gittiğimde, '*artık İngilizce biliyorum*' inancıyla, üç doktora dersi birden aldım. (Amerika'ya yeni gelip daha önce Amerikan eğitiminden geçmemiş olanlara ancak bir doktora dersi almalarının önerildiğini daha sonra öğrendim!) İlk derse pazartesi günü gittim. Verilen ders programından, bu ders için, haftada iki yüz sayfalık bilimsel metin okumam bekleniyordu. İkinci derse salı günü ve üçüncü derse çarşamba günü gittim ve her bir dersten ortalama iki yüzer sayfa okumam beklendiğini öğrendim. Kafamdan şöyle bir hesap ettim, haftada altı yüz sayfalık bilimsel metin okumam gerekiyordu.

Çalışma masamın başına büyük bir ciddiyet ve hevesle geçtim ve kendimi vererek derslerime çalışmaya başladım. Bütün gayretime rağmen bir saatte ancak bir buçuk sayfa okuyabilmiştim. Biraz telaşlandım ve bütün dikkatimi vererek tüm gayretimle okumaya devam ettim; bu defa daha da az okuyabilmiştim: bir saatte 1-2 sayfa. Bütün gün kendimi ölçmeye devam ettim; evet, saatte ortalama bir buçuk sayfa okuyabiliyordum.

Ertesi gün ve onu takip eden günde aynı durumu gözleyince depresyona girdim; iştahım kaçtı, yemek yiyemez hale geldim. Uyuyamadım. Sürekli kaygı ve yorgunluk halinde okuduklarımdan hiçbir şey anlamamaya başladım.

Kafamda sürekli kurduğum ve kaygılanmamın temeli olan düşünce şuydu: yemesem, içmesem, uyumasam, 24 saat kitap okusam, günde ancak 36 sayfa kitap okuyabilirdim; halbuki haftada 600 sayfa okumam gerekiyordu.

Doktora programında başarısız olacağıma ve bu nedenle üniversitenin beni programdan atacağına inandım. Müthiş bir karamsarlık içinde, onlar beni atmadan ben kendim çekip gideyim, diye düşündüm.

Türkiye'ye başarısız biri olarak dönmek istemiyordum; "Çok saydığım hocamın yüzüne nasıl bakarım?" diye düşünüyor, kahroluyordum. Ağabeylerime ve ablamlarıma mahcup olacaktım. Bölümdeki arkadaşlarıma, mektuplaştığım ve ilerde evlenmeyi düşündüğüm kıza ne diyecektim.

Belki inanmayacaksınız ama onların yüzüne bakmaktansa kendimi öldürmeyi düşündüm. Fakat kısa bir süre içinde, bunun da ailem için bir utanç nedeni olacağını fark ettiğim için, 'trafik kazası kurbanı' olma hayalleri kurdum. Trafiğin karmaşık ve tehlikeli olduğu bir bölgede bir arabanın altında can vermek en akıllıca davranış olacaktı.

Bu kararı verdiğim gece hiç uyuyamadım. Sabahleyin yüzümü yıkarken aynada kendimle göz göze gelmemeye çalıştım. Ama içimden bir ses, gözlerime bakmam gerektiğini söyledi ve gözlerime baktığım zaman hüngür hüngür ağlamaya başladım. Kulağımda rahmetlik annemin sesini duydum; "Yavrum, kıyma canına, hiçbir şey canına kıydığına değmez!" diyordu.

Banyoda sanırım yarım saat ağladım; sonra içimden derin bir nefes almak geldi. Derin bir nefes aldım ve tüm karamsarlığım o nefesle birlikte çıktı gitti, yeni bir düşünce, çok güçlü olarak kendini hissettirdi.

Bu yeni düşünce şöyle diyordu: "Onlar seni atmadan sakın gitme. Burada yaşamının en önemli olanaklarından birine sahipsin. Çok iyi bir üniversitede, çok iyi yetişmiş bilim adamlarından, gerçekten ilgini çeken konularda ders alıyorsun. Besbelli ki, İngilizceyi iyi bilmiyorsun ve şimdi gerçekten iyi öğrenme fırsatını yakaladın! Senin yapacağın en akıllı şey, *şimdi ve burada olmanın hakkını vermen* ve kalabildiğin süre içinde hem İngilizceni ilerletmen hem de bilgini artırman."

Karamsarlıkla girdiğim banyodan müthiş bir enerji ve şevkle çıktım ve çalışma masamın başına oturduğum zaman karamsarlıktan eser kalmamıştı. Sağımda okuyacağım kitaplar, solumda üç sözlük vardı: Türkçeden İngilizceye, İngilizceden Türkçeye ve İngilizceden İngilizceye. Önümde kâğıtlar ve kalemlerim vardı ve rahat rahat anlayarak okumaya başladım. Anımsıyorum, ilk okuduğum sayfada, 52 tane bilmediğim, anlamını sözlükten bulmam gereken kelimeyle karşılaşmıştım.

Okuma hızımı ölçmeye devam ediyordum. (O zaman bilmiyordum, ama şimdi biliyorum ki, insan ölçmediği şeyi geliştiremiyor; demek ki sezgisel olarak bu ilkenin farkındaymışım!) Günbegün okuma hızım artmaya başladı. İki hafta sonra saatte üç buçuk sayfa okuyordum. Ama yeniden belirteyim, hızlı okuyayım diye özel bir çaba sarf etmiyordum; özen gösterdiğim, anlamadan hiçbir paragrafı atlamamaktı. Anladıkça, okuduklarımdan daha çok zevk alıyordum; hem anlayışım derinleşiyordu hem de daha önce bildiklerimle ilişki kurduğumdan bilgi alanım genişliyordu.

Dört hafta sonra, saatte sekiz-dokuz sayfa okur hale gelmiştim ve derste anlatılanları daha derinlemesine değerlendiriyor, profesörlerin derste vermeye çalıştıklarını etraflıca kavrayabiliyordum.

Sömestr ortalarında okumam saatte on iki sayfayı bulmuştu ve sömestr bittiğinde ortalama on sekiz-on dokuz sayfa okuyordum. Üç dersin ikisinden 'B', diğerinden 'A' almıştım.

Ders notlarımı öğrendiğim zaman ilk düşündüğüm şu oldu: "İyi ki kendimi öldürmedim!"

Ve bu deneyimden sonra öğrendiğim en önemli ders şu oldu: Başarıyı engelleyen tutumlar olduğu gibi, başarıyı destekleyen tutumlar da var; kişinin bu tutumlardan hangisine kapısını açtığı çok önemli.

Nelerdir başarıyı engelleyen tutumlar?

- El âlem ne der korkusu!
- Vazgeçip bırakıp gitme duygusu!
- Şok, panik, karamsarlık!

Peki, başarıyı destekleyen tutumlar nelerdir?

- Fırsatı değerlendirmek!
- Elden gelenin en iyisini yapmak!
- '*Şimdi ve burada*'ya odaklanmak!

Banyoda annemin sesini duyup uzun süre ağladıktan sonra, 'başarıyı engelleyen tutumlar ülkesi'nden, 'başarıyı destekleyen tutumlar ülkesi'ne bir yolculuk yapmıştım. 'Başarıyı destekleyen tutumlar ülkesi'ne biletimi ve pasaportumu veren, rahmetlik annemin içimdeki sesi olmuştu.

'Başarıyı engelleyen tutumlar ülkesi'nde, Bölüm 4'te sözünü ettiğim kısa süreli belleğimi korku, bırakıp gitme, şok, panik, karamsarlık duygularıyla doldurmuştum. 'Başarıyı destekleyen tutumlar ülkesi'nde bütün bunları boşalttım ve kısa süreli belleğimin tüm kapasitesini, o an okumakta olduğum, anlamaya çalıştığım konuya verdim.

'Başarıyı engelleyen tutumlar ülkesi'nde sonuca odaklanmıştım; sürekli aklımdan "başarılı olamayacağım ve beni doktora programından atacaklar" düşüncesi geçiyordu. 'Başarıyı destekleyen tutumlar ülkesi'nde bir sonuca odaklanıp üzüleceğim yere şimdi ve burada yapabileceğimin en iyisini yapmaya odaklandım.

Bu deneyimi, ilerde karşılaştığım zor durumlarda hep hatırlamışımdır ve bu olay, her seferinde başarıyı engelleyen tutumlardan kurtulmamda bana çok yardımı olmuştur.

Bu anlattığım, başımdan geçen bir başarı öyküsüdür ama bir yaşam başarısı öyküsü değildir.

Niçin?

Çünkü ben zihinsel alanda bir başarı kazanmıştım ama şimdi biliyorum ki, yaşamın tümü zihinden, akıldan ibaret değildir. Yaşam başarısı, kişinin temel gereksinmelerinin hepsine hitap eder ve onun yaşamının tümünü kapsar.

Ne demek kişinin gereksinmelerinin tümüne hitap etmek?

Bu sorunun yanıtını verebilmek için insanın dört temel gereksinmesini gözden geçirmemiz gerekiyor.

İNSANIN DÖRT TEMEL GEREKSİNMESİ VE YAŞAM BAŞARISI

Gereksinmelerimizi dört temel grupta toplayabiliriz:

1. Yaşamsal gereksinmeler

Bu başlık altında parayla karşılanabilecek yiyecek, içecek, barınak, giysi ve benzeri tüm yaşamsal gereksinmeleri toplayabilirsiniz. Bu gruptaki gereksinmelerin karşılanmasını parayla yapabildiğimiz için, bu gereksinmelere '*cep gereksinmeleri*' de diyebiliriz ve simge olarak '*para*'yı kullanabiliriz.

Para önemli midir?

Evet! Yaşam standardına önem veren her aklı başında insan ve toplum para konusunu önemsemeli ve ciddiye almalıdır. Bizler biyolojik varlıklarız ama varlığımızı sürdürebilmemiz için paraya gereksinmemiz vardır.

Parayı önemsemeyen insanlar ve toplumlar, gerçekçi bir tutum içinde değillerdir ve parayı önemsememekten kaynaklanan hastalıklar, yetersizlikler, başkasına muhtaç olmalar, özgürlüğün kısıtlanması gibi olumsuzluklar değişik biçimlerde kaçınılmaz olarak onların yaşamlarında kendini gösterecektir.

Paranın önemini kavramamış birinin yaşam başarısını elde etmesi olanaksızdır. Yaşamında sürekli bir eksiklik, dengesizlik olacaktır. O nedenle yaşam başarısı parasal gücü içine alır; para kazanma becerilerini, para yönetimini bilmeye önem verir.

2. Akıl, zihin gereksinmeleri

İnsanoğlu, öğrenme ve gelişme gereksinmesiyle doğar. Bölüm 4'te sinir sisteminin muhteşem kapasitesinden ve çocuğun potansiyel bir filozof ve bilim insanı olarak doğmasından söz etmiştik. Öğrenme gereksinmesi engellenmiş insanın, insan olarak gelişmesi ve tüm potansiyelini gerçekleştirmesi olanaksızdır.

İnsanoğlunun, sürekli öğrenmek ve gelişmek isteyen bir doğası vardır ve bu öğrenme süreci içinde kendisini tam olarak gerçekleştirmeye doğru gelişir. İnsanın bu yönü felsefenin, bilimin, sanatın ve uygarlığın gelişmesinin temelini oluşturur.

Aklını, zihnini kullanması engellenmiş bir insan sürekli yarım kalacak, başkalarına muhtaç olacak ve bu nedenle kendi benliğini keşfetmiş özgür bir insan olamayacaktır. Kendi benliğini keşfedememiş, özgür olmayan bir insanın yaşam başarısından söz edilemez.

3. Gönül gereksinmeleri

Diğer insanlara muhtaç doğarız. Çocuk doğduktan sonra kendisini kucaklayan, öpen koklayan bir anneye ihtiyaç duyar. Hayatta kendisini seven, kendisine değer veren hiç kimsesi olmayan bir kişi, yaşama anlam vermekte zorlanır.

Yaptığımız her işte, verdiğimiz her kararın uygulanmasında,

kısacası yaşamımızın her alanında, diğer insanlara gereksinmemiz vardır.

Gönül gereksinmeleri karşılanmamış, yalnızlık içinde boğulan bir insanın yaşam başarısından da söz edilemez.

4. Yaşama anlam verme gereksinmeleri

Bu tür gereksinimler de insana özgüdür. İnsan, şu anda içinde bulunduğu mekâna, zamana, yaşamına anlam vermek ister.

İçinde yaşadığımız evrende yer alan ilişkiler sistemini yavaş yavaş bilimsel olarak keşfediyoruz ve her keşfedişimizde evrenimiz bize daha anlamlı geliyor.

İnsan, anlamsızlığa dayanamaz; insan varoluşunun anlamını, diğer insanlarla, doğayla, evrenin tümüyle kurduğu ilişkide bulur. Bireyin yaşamının anlamı, o bireyin evrenle kurduğu ilişkiler ağında gizlidir.

Evrenle ilişki kuruş biçimleri din yoluyla olabildiği gibi, değişik ideoloji yollarıyla da olabilir. Bir Müslüman, Hıristiyan, Budist veya Yahudi, kendi dininin doğruları çerçevesinde, içinde bulunduğu evrene ve kendi yaşamına anlam verir. Marksist ideolojiye sahip biri de içinde yaşadığı evrene, topluma ve kendi yaşamına inandığı Marksist ideoloji çerçevesinde anlam verir. Bir ateistin de, içinde yaşadığı evrene, kendi yaşamına anlam vermede kullandığı doğruları vardır.

Burada vurgulamak istediğim, yaşama anlam verme gereksinmesinin insanın doğal bir gereksinmesi olduğudur.

Ama anababa olarak şunu bilmenizi istiyorum; çocuğunuz evrene ve o evren içinde yer alan kendi yaşamına bir anlam verme gereksinimi duyar. Bu gereksinmeyi karşılamasına yardımcı olmazsanız, çocuğunuz ilk fırsatta başka bir kaynaktan karşılamak için çabalayacaktır.

Bu dört gereksinmeden bir tanesi öncelik kazanırsa ve kişi yaşamını abartılı biçimde o gereksinmeye odaklanarak tanımlamaya başlarsa ne olur?

Abartılı biçimde **paraya odaklanmış** biri, "Yaşamın anlamı para kazanmaktır; biz bu dünyaya, para kazanmak için geldik!" diye düşünecektir.

Abartılı biçimde **akla, zihne, öğrenmeye ve gelişmeye odaklanmış** biri, "Yaşamın anlamı, öğrenmek ve keşfetmektir; biz bu dünyaya, öğrenmek ve keşfetmek için geldik!" diye düşünecektir.

Abartılı biçimde **gönül gereksinmelerine, arkadaşlığa, dostluğa ve insan ilişkilerine odaklanmış** biri, "Yaşamın anlamı sevgi ve dostluktur; biz bu dünyaya, sevmek ve dostluklar kurmak için geldik!" diye düşünecektir.

Abartılı biçimde **yaşama anlam verme gereksinmelerine, örneğin dine odaklanmış** biri, "Yaşamın anlamı Tanrı'ya kulluk etmektir; biz bu dünyaya, Tanrı'ya kulluk etmek için geldik!" diye düşünecektir.

Bu temel gereksinmelerden herhangi birine abartılı biçimde odaklanmak yaşam başarısını engeller. Çünkü gereksinmelerin tümü önemlidir ve bilinçli bir biçimde denge içinde karşılanması gerekir.

Yaşam başarısı, gereksinmelerin denge içinde karşılanmasıyla oluşur ve sürdürülür.

Yukarıda anlattığım 'Bir Doktora Programı Öyküsü'nde, bu dört gereksinmeyi nasıl gözlemliyoruz?

Doktora programında başarısızlık korkumun nedenlerinden biri, "Ya döndüğümde üniversitedeki asistanlık işimi kaybedersem"den kaynaklanıyordu. Başarısız olursam beni işten atacaklardı ve ben psikoloji mezunu olarak nerede, nasıl bir iş bulacağımı bilemiyordum. İşsizlik demek, parasızlık demekti. Parasızlık demek, ne yiyeceğimi, ne giyeceğimi ve nerede barınacağımı bilememek demekti. Bu belirsizlik beni korkutuyordu.

Doktora derslerinde öğrenmenin, yeni şeyler keşfetmenin, bir konuda derinleşmenin tadına vardıkça bu öğrenme sürecine odaklandım ve diğer şeyleri unutmaya başladım. Bu bana, o dönemde çok yaradı. Doktora derslerinden başarılı olmam, zihinsel yönden bir başarıydı ve benim yaşam başarım için önemli bir adımdı. Ama bu zihinsel odaklanmayı ömür boyu devam ettirseydim ve diğer temel gereksinmelere önem vermeseydim, hayatımda dengesizlikler oluşacaktı.

Doktora programında başarısızlık korkusunun temelinde, sevdiklerimin yüzüne nasıl bakacağım korkusu vardı. Ama çalışmaya başlayıp öğrendikçe ve başarıya doğru gittikçe, korktuğum o ilişkiler şevk kaynağım olmuştu. Beni seven, benim başarımla gurur duyacak insanların olması çalışmalarımı anlamlı kılıyor ve bana şevk veriyordu.

Rahmetli annemin sesini içimde duyduğuma inanmamın, kendimi öldürmekten vazgeçmemde çok önemli bir etkisi oldu. İç huzuru içinde kendimi çalışmalara verebilmemde, annemin ruhunun benimle birlikte olduğu, beni kollayıp yönlendirdiği inancı önemli bir rol oynamıştı.

Daha önceki bölümlerde sözünü ettiğimiz başarı saplantılarının zararı şimdi daha iyi anlaşılabilir. Okul başarısı saplantısı olan anababa, çocuğunun zihinsel yönden başarılı olmasına önem verirken, gönül ve yaşama anlam verme gereksinmelerinin karşılanmasını engelleyebilir. Meslek ve iş saplantısı, parasal yönden ve statü açısından çocuğu güçlü bir geleceğe yönlendirirken diğer temel gereksinmelerini gerçekleştirmesine engel olur.

Sınav döneminde çocuğunuzla kurduğunuz ilişkide yaşamın dört gereksinmesinin her biri sağlıklı derecede yerini alıyor mu? Ona paranın, öğrenmenin ve gelişmenin, arkadaşlıkların ve dostlukların, evrene ve kendi yaşamına anlam vermenin önemini anlatıyor musunuz? Kendi yaşam biçiminizle bu dört gereksinmeyi dengeli olarak götürüp çocuğunuza örnek oluyor musunuz?

YAŞAM BAŞARISINA KENDİNİ ADAMIŞ ANABABANIN SORMASI GEREKEN BEŞ SORU

Aşağıda soracağım beş soru, sizin çocuğunuzla ilişkinizde düşünmeniz gereken sorulardır. Bu soruları siz ona sormayacaksınız;

öyle bir ilişki kuracaksınız ki, bu soruları çocuğunuz kendine soruyor olacak. Çocuğunuz, aşağıdaki soruları kendine sormayı alışkanlık haline getirince, emin adımlarla yaşam başarısı yönünde ilerlemeye başlar.

1. Çocuğunuz yapacağı işin bilincine vardı mı?

Çocuğunuz, herhangi bir şeyi yapmaya başladığı zaman, ne yapmak istediğinin ve niçin yapmak istediğinin farkında mı?

Diyelim ders çalışmak için masasının başına oturdu; o masanın başına gerçekten ne yapmak için oturdu ve o yapmak istediği şeyi niçin yapmak istiyor? Bu sorunun yanıtını biliyorsa niyetinin bilincinde, bilmiyorsa değildir.

Dershaneye gidecek. Konuşun ve anlamaya çalışın; ne yapacağının ve niçin yapacağının farkında mı?

Arkadaşlarıyla buluşacak; ne yapacaklar ve niçin yapacaklar, bunu hiç düşünmüş mü?

Sınav hazırlığı için bir dizi kitap alıyor, dershaneye yazılıyor, paralar ödeniyor, ara sınavlar, yoklamalar, etüt çalışmaları. Bütün bunların nedeni ne? Niçin yapılıyor?

Bunların açık seçik farkına varıp bu soruları yanıtlamadıkça çocuğunuz niyetinin bilincine varmamış demektir; onun çalışması anlamlı ve verimli bir çalışma olamaz. O nedenle ilk iş, çocuğunuzun, gönlünün muradını keşfetmesine ve bütün bu çabaların altında yatan '*niçin?*'i keşfetmesine yardımcı olmaktır.

Varsayalım ki çocuğunuz, değişik kişilerle konuştu, araştırdı, düşündü, gönlünün muradının ileride çocuk doktoru olmak olduğunu keşfetti. (Gönlünün muradını keşfetmek, uzun yıllar alan, kendini tanımayı, yaşamı gözlemlemeyi içeren bir süreç. Sağlıklı ailelerde bu süreç çok küçük çocukluk yaşlarında, anababayla oluşturulan yemeklerdeki konuşmalarda, sohbetlerde, paylaşımlarda yavaş yavaş kendiliğinden oluşur. Kitabın yazılış amacına bağlı kalarak bu sürecin tartışmasını uzun tutmadık.)

Niyetinin bilincine varan kişinin çalışması, niyetinin bilincine varmamış kişinin çalışmasından çok farklı olacaktır.

2. Çocuğunuz, yapmak istediklerini besleyen bilgiyi araştırıyor, keşfediyor, ulaşarak özümsüyor mu?

Bu aşamada, çocuk doktoru olmakla ilgili bilgileri araştırmaya başlaması gerekir. Çocuk doktoru olmak için önce tıp fakültesine girmesi, tıp fakültesini bitirdikten sonra uzmanlık sınavını kazanarak çocuk doktorluğu uzmanlığı eğitimi alması gerekir.

Tıp fakültesine giriş için hangi derslere ağırlık vermesi gerekir? Türkiye'de hangi tıp fakülteleri var? Son yıllarda bu fakültelerin aldıkları öğrencilerin giriş puanı ne olmuş? Kendisinin ara deneme sınavlarında aldığı puanlar gerçekçi olarak değerlendirildiğinde, durumunu nasıl görüyor?

Bu tip sorular, onu, niyetiyle ilgili alanlarda bilgi sahibi yapacak ve hedefe daha bilinçli yönelmesini sağlayacaktır.

3. Çocuğunuz, bilgisini etkili bir biçimde uygulamak için gerekli olan becerileri kazanıyor mu?

Her dersin gerektirdiği kendine özgü beceri vardır. Tıp fakültesine girmek için ağırlık vermesi gereken dersleri öğrenince, bu derslerde en üst başarıya ulaşmak için çocuğunuz belirli beceriler kazanmaya özen gösteriyor mu? Bazı dersler soyut düşünce gerektirir ve soyut işlemleri hemen kafadan yapabilme becerileri çok işe yarar. Bazı dersler somut görselleştirmeyle daha iyi anlaşılır. Her dersin gerekli kıldığı zihinsel becerileri kazanmak ve bu becerileri alışkanlık haline getirmek, çocuğunuzun başarısına önemli katkılarda bulunacaktır.

4. Çocuğunuz, bilgi ve becerisini etkili bir şekilde eyleme dönüştürme sorumluluğunu alıyor mu?

Gönlünün muradını keşfetmek, bunun için gerekli bilgileri toplamak, bu bilgileri uygulamak için ne gibi beceriler gerektiğini öğrenmek ve geliştirmek, ancak bir koşulda anlam kazanır: *sorumluluk içinde uygulayarak, eyleme dönüştürerek.*

Çocuğunuz bütün bu bilgileri ve becerileri hayata geçiriyor mu? Uygulamak için sorumluluk alıyor mu?

Uygulamıyorsa, niçin uygulamadığını araştırmak gerekir. Belki yapabileceğine inancı yoktur. Eğer böyle bir durum varsa, çocuğun bu inançsızlığının nedeninin araştırılıp aydınlığa çıkarılması gerekir.

Basit bir somut örnekle anlatmak istiyorum: Bir kişi düşünün, arabasıyla gerçekten 'A' kentinden 'B' kentine gitmek istiyor. Niyeti 'B' kentine gitmek.

Nasıl gidileceğini biliyor, araba kullanmasını biliyor, ehliyeti var.

Ama şimdiye kadar hiç tek başına araba kullanmamış. Yanında biri olmadan araba kullanmak istemiyor, kendine güveni yok. O nedenle direksiyonun başına geçip yola çıkamıyor.

Çocuklar daha küçükten şu tür sözleri yüzlerce, binlerce kez duyuyorlar: "Dokunma, kırarsın!" "Elleme, düşürürsün!" "Kurcalama, bozarsın!" "Koşma, düşersin!"

Birine kırk kez, "Hastasın!" dersen hasta olurmuş. Binlerce defa bu sözleri duyan çocuğun kendine güvenememesi çok doğal bir sonuçtur.

Sorumluluk için eyleme geçmek ve bu eylemi sürdürmek, sanıldığı kadar kolay değildir; ama bu olmadan başarıya ulaşmak da olanaksızdır.

Çocuğuyla sürekli iletişim içinde olan anababa, eyleme geçmede ve uygulamayı sorumlu biçimde sürdürmede ortaya çıkan engelleri çocuğuyla birlikte keşfedebilir ve zamanla bu engellerin teker teker üstesinden gelebilir.

5. Çocuğunuz, elde ettiği sonuçlardan ders çıkararak, iyi yaptıklarının ve daha iyi yapabileceklerinin farkına varıyor mu?

Her bir uygulama bir öğrenme fırsatıdır. Uygulama sonuçlarına bakarak kişi sürekli kendini geliştirebilir. Bölüm 5'te 'Hatalardan Ders Almak' konusunda bunu irdelemiştik. Hatırlayacağınız gibi, her bir uygulamadan sonra çocuğunuz şu dört soruyu sorarak uygulamasını değerlendirebilir:

- Ne yaptım?
- Neleri iyi yaptım?
- Neleri daha iyi yapabilirdim?
- Nelerin farkına vardım, ne öğrendim?

Çocuğunuzun böyle bir süreç içinde olup olmadığını görebilirsiniz ve iletişim içinde olmaya devam ettiğiniz zaman, bu sürecin ne kadar önemli olduğu üzerinde konuşabilirsiniz.

Bu beş temel adım, yani çocuğunuzun gönlünün muradını keşfetmesi, bunu gerçekleştirecek bilgilere yönelmesi, bu bilgilerle ilgili stratejiler ve beceriler kazanması, sorumluluk içinde bunları uygulaması ve her uygulamayı değerlendirmesi, varsa hatalarından ders alması, onu adım adım yaşam başarısına götürecektir.

Çocuğunuza bunları öğretmenin iki koşulu vardır:

1. Onunla sürekli bir iletişim içinde olmanız.
2. Bütün bu söylenenleri anababa olarak sizin kendi yaşamınızda uyguluyor olmanız.

Bitirirken

Her yıl milyonlarca aile, OKS ve ÖSS hazırlıkları içinde olan çocuklarının başarısı için elinden gelenin en iyisini yapma arayışı içine girer. Bu aileler kaygılıdır ve içinde bulundukları durumda kendilerini çoğu kez bunalmış ve çaresiz hissederler. Bunalmış ve çaresiz hissetmek, öfkeye götürür. Aile ortamında çocuk, başarıya yönlendirilmek istenir, ama kaygılı, bunalmış, çaresiz ve öfkeli anne ve babalar, bu duygular içinde çoğu kez, onlara destek yerine köstek olurlar.

Çocuğunun başarısına destek olmak isteyen anne ve babalar, önce kendilerinin çocuktan ne gibi bir başarı beklediklerinin farkına varmalıdırlar. Çocuktan bekledikleri okul başarısı mı, meslek başarısı mı, yaşam başarısı mı? Anne ve babanın başarı beklentisi, onların çocukla ilişkisini temelden etkiler.

Her başarının altında önce bir niyet vardır. Başarıya ulaşabilmek için bu niyetin bilgiyle beslenmesi ve bu bilginin belirli becerilerle yaşama geçirilmesi gerekir.

Peki, anne ve babalar olarak yaşam başarısının altında yatan niyetin ne olduğunun farkında mısınız? Yaşam başarısı için bilmeniz gereken bilgi ve becerilerin ne olduğu üzerinde hiç kafa yordunuz mu?

Çocuğuna destek olmak isteyen anababalar, her şeyden önce insan zihninin nasıl çalıştığını bilmelidir. İnsan zihninin nasıl çalıştığını bilmeyen anne ve baba, farkına varmadan sözleri ve davranışlarıyla çocuğuna kaygı yükler, onu strese sokar ve onun paniğe kapılmasına yol açar.

Başarılı insanlarda başarma isteği, hevesi, şevki vardır; çocuğunuzun şevkinin kaynağını bulmasına yardımcı oldunuz mu? Başarılı insanların hedefleri vardır, nereye gitmek istediklerini bilirler; gönüllerinin muratlarını keşfetmişlerdir. Çocuğunuzun gönlünün muradını keşfetmesine yardımcı oldunuz mu? Başarılı insanlar duygu ve düşüncelerinin farkındadırlar; kendilerine, duygularına ve düşüncelerine saygıları ve güvenleri vardır. Siz çocuğunuzun kendine saygılı ve güvenli olmasına özen gösterdiniz mi? Başarılı insan, seçimlerinin bilincindedir ve seçimlerinden sorumluluk alır. Çocuğunuzun seçim yapmasına olanak yaratıp seçimlerinden sorumluluk almasını sağladınız mı?

Sınav döneminde çocuğunuzun arkadaşlarıyla ilişkisi ve sosyal yaşamı daha da bir önem kazanır. Çocuğunuzun dengeli bir sosyal yaşam içinde olmasına olanak sağlıyor musunuz?

Çocuğunuzu başka öğrencilerle kıyaslamanın ne kadar olumsuz etkileri olduğunun farkında mısınız?

Aile içindeki herkesin, çocuğunuzla ilişkisinde ona destek ya da köstek olacağının farkında mısınız?

Çocuğunuzdan beklediğiniz azim, sebat ve gayreti kendi yaşamınızda siz gösteriyor ve bu duyguları onunla paylaşıyor musunuz?

Ailenin maddi durumu konusunda sınırlar ve sorumluluk bilinci içinde onunla konuşuyor musunuz?

Bir basketbol yenilgisinden sonra oğlum Timur'la aramda geçen konuşmayı unutmayın: Bir insanın yapabileceği iki şey vardır:

1. Elinden gelenin en iyisini sebatla ve azimle yapmak
2. Yaparken şevkli ve coşkulu olmak

Kitap biterken sizlerle paylaşmak istediğim bir şeyler daha var:

Teşekkür kısmında belirttiğim gibi, bu kitabın ilk halini gözden geçirenlerden biri de değerli dostum, Öğrenen Organizasyonlar uzmanı Evrim Çalkavur'du. Kitapla ilgili önerilerini bana verirken bir not yazmış ve kendi yaşamıyla ilgili bir öyküyü benimle paylaşmış. Evrim'in izniyle bu öyküyü sizinle de paylaşmak istiyorum.

Kitabınızı okurken babama bir kez daha tüm yüreğimle teşekkür ettim. Teşekkürümü sağlayan anımı sizinle paylaşmak istiyorum.

Annem ile babam, ilkokula başlarken beni yaşadığımız şehrin en iyi okullarından birine yazdırdılar. Öğretmenimi kendime yakın hissedemedim. Okuldaki çocukların çoğunun maddi durumu bizimkinden daha iyiydi ve her fırsatta (yılbaşı, bayram, Öğretmenler Günü gibi) öğretmene hediyeler yağıyordu. Hediyeleri, bazen öğrenciler bazen ise şık giyimli anneleri getiriyordu. Öğretmenim, bu çocuklara karşı daha ilgili ve sabırlıydı. Bir süre sonra sınıfı ikiye ayırdı. Okumayı söken kırmızılı kurdeleli çocukları çalışkanlar sırasına oturttu. Biz henüz sökmemiş olanları ise tembeller sırasına oturttu.

O günden sonra okula gitmek istemedim. Ben aptal ve tembeldim. Değersizdim. Okula neden gitmek istemediğimi annem ve babamla paylaşmadım. Gitmem için zorladıklarında, mide ağrıları geçirdim, ateşim çıktı. Gururum, onlara ne olduğunu anlatmama engel oldu. Nasıl, "Ben aptal ve tembelim!" diyebilirdim ki?

Babam benimle okula geldi. Birlikte sınıfa girdik. Yerime oturdum. Tembeller sırasını ben mi söyledim, bir başkası mı hatırlamıyorum. O öğretmeni bekledi. Sonrasını bilmiyorum. Babam öfkeli, öğretmen mahcuptu.

"Evrim, gel kızım, gidiyoruz!" dedi.

Çıkarken, "Müdür Bey'e de söylediğim gibi, sizi bir okulda öğretmen olarak tutmak büyük bir hata!" dedi.

Babam, aptal ve tembel olduğum için bana değil, öğretmene kızmıştı. Bir pastanede oturduk. "Kızım seni çok seviyorum, sen istediğin her şeyi yapabilirsin. Güneş balçıkla sıvanmaz," dedi.

Daha sonra evimize yakın, o kadar ünlü olmayan bir okula başladım. Sevecen, genç bir öğretmenim vardı. Kısa bir sürede okumayı söktüm ve bir kitap kurdu oldum.

Yaşamda ne zaman zorluklarla karşılaşsam ya da haksız bir davranışa maruz kaldığımı düşünsem, babamın sözünü hatırlarım. Ben sevilmeye değer biriydim. İstediğim her şeyi başarabilirdim. Güneş balçıkla sıvanmazdı. Kısa süreli başarısızlıklar, zorluklar geçerdi; yeter ki ben pes etmeyeyim.

Boğaziçi Üniversitesi'nden mezun oldum. Çok sevdiğim bir iş yapıyorum. Yaşamımda, dönüp bakınca, keşkeleri göremiyorum. Ama çok sayıda 'İyi ki yapmışım'lar var. Tüm bunları babama, bana olan duyarlığına ve sevgisine borçluyum. Eğer öğretmenimin tarafını tutsaydı, tembeller sırasında oturarak onları utandırdığımı söyleseydi; beni en iyi okula gönderdiklerini, bunun kıymetini bilmediğimi söyleseydi... 'Daha çok çalış!' deseydi, yaşamım nasıl bir yönde gelişirdi? Bilmek bile istemiyorum.

Kitabınız, anne ve babaları için benim gibi hisseden insanların sayısını artıracaktır.

Sevgilerim ve saygılarımla,
Evrim Çalkavur

Bu kitabı okudunuz, çünkü çocuğunuzu seviyorsunuz ve onun başarılı olmasını istiyorsunuz. Kitabı bitirirken aşağıdaki konularda kendinize şu soruları sormanızı istiyorum:

1. *Çocuğumla ilişkimin temelinde hangi tür başarı beklentisi olduğunun farkında mıyım?*
   a. Okul başarısı mı?
   b. Meslek başarısı mı?
   c. İş başarısı mı?
   d. Aile başarısı mı?
   e. Yaşam başarısı mı?
2. *Çocuğumla kurduğum iletişim tarzı, onu nasıl etkiliyor?*
   a. Kendini değerli kılan yönde mi?
   b. Kendini değersiz kılan yönde mi?
3. *Farkına varmadan çocuğumun başarısında nasıl bir etkim var?*
   a. Destek mi oluyorum?
   b. Köstek mi oluyorum?
4. *Farkında olmadan herhangi bir başarı saplantım var mı?*
   a. Okul başarısı saplantım var mı?
   b. Meslek veya iş başarısı saplantım var mı?
5. *Yaşam anlayışım hangisine daha yatkın?*
   a. 'El âlem ne der!' mi önemli?
   b. Çocuğumun kendi yaşamı için ne istediği mi önemli?
6. *Ailedeki sosyal ortam ve genel olarak çocuğumla etkileşimim hangi türden?*
   a. Kaygı, stres, panik yükleyen türden mi?
   b. Kaygı stres, panik gideren veya önleyen türden mi?

Umarım bu kitap, yaşamınıza zenginlik getirip çocuğunuzla daha insan insana, can cana bir ilişki kurmanıza, onun yaşam başarına katkıda bulunmanıza olanak sağlar.

Son olarak sizi, Cahit Külebi'nin mısralarıyla baş başa bırakıyorum:

Bir nazlı kuşa benzer
Çocuk dediğin.
Ev ister, ekmek ister
Öpülmek okşanmak ister.

Cahit Külebi

Görüşlerinizi ve sorularınızı www.dogancuceloglu.net internet adresine yazabilirsiniz.

DİPNOTLAR

(1) Bu konuda daha çok okumak isteyen okur, benim, *'Keşke'siz Bir Yaşam İçin İletişim* adlı kitabımı okuyabilir.

(2) Howard, Pierce J. (2000), *The Owner's Manual for The Brain:* Everyday Applications from Mind–Brain Research. Atlanta: Bard Pres.

(3) Helmstetter, Shad. (1996), *Bizi Biz Yapan Seçimlerimiz,* İstanbul: Sistem Yayıncılık (s.14-16).

(4) Bu kitabın müsveddesini okuyan uzun yıllar öğretmenlik yapmış ve velilerle haşır neşir olmuş Şevket Ertem, sayfanın kenarına şöyle bir not koymuş: "Sevgili hocam, özür dilerim. Acaba bu mümkün mü? Sadece yazılmış olarak kalacak! Öneri güzel."

Değerli eğitimci dostum Şevket Ertem'i bu notu yazmaya götüren, bildiği ve yaşadığı bir sosyal gerçek. Sınava hazırlanan bir genç, bu sosyal gerçek içinde, ailenin yaşama anlam verme sistemleri içinde pek dikkate alınacak biri olarak görülmüyor.

Zaten sorun bu noktada düğümleniyor. Sorunun ne olduğunu ve bu düğümün nasıl çözüleceğinin ele almak, bu kitabın amacını aşıyor. Konuyla ilgilenen okurlara, *İnsan İnsana* (s. 241-66), *İçimizdeki Çocuk* (s. 41-139) ve *'Keşke'siz Bir Yaşam İçin İletişim* (s. 83-188) kitaplarımı önerebilirim. İlerde yazacağım kitaplarda da bu konuyu irdelemeye devam edeceğim.

(5) Şevket Ertem, "Bu bölüm çok önemli hocam; bazı aileler, çocuğa yaşının çok üzerinde para veriyor. Acaba burayı biraz daha vurgulayabilir miyiz?" diye not koymuş.

İçimizdeki Biz

Dayanışma bilincinin olmadığı yerde, 'Sen -Ben Anlayışı' hâkimdir. Bu kitap, 'Sen-Ben Anlayışı' üzerine kurulmuş aile ve iş yaşamının sorunlarını irdelemekte ve çözümün BİZ Bilinci'nde yattığını göstermektedir.

İçimizdeki Çocuk

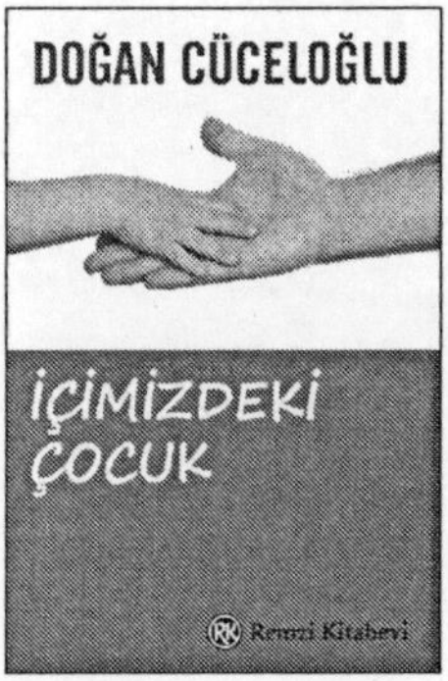

Bu kitap, içinde yetiştiğiniz ailenin ve yakın çevrenin sizin iç dünyanızı ve şimdiki duygu, düşünce ve davranışlarınızı nasıl etkilediğini incelemektedir.

İletişim Donanımları

Bu kitap, ailede, işyerinde ve toplumda sağlıklı insan ilişkilerine önem veren, 'keşke'siz bir yaşam isteyenler için yazıldı; yaşamının sonunda, "Keşke kendi hayatımı yaşayabilseydim!" denmemesi için...

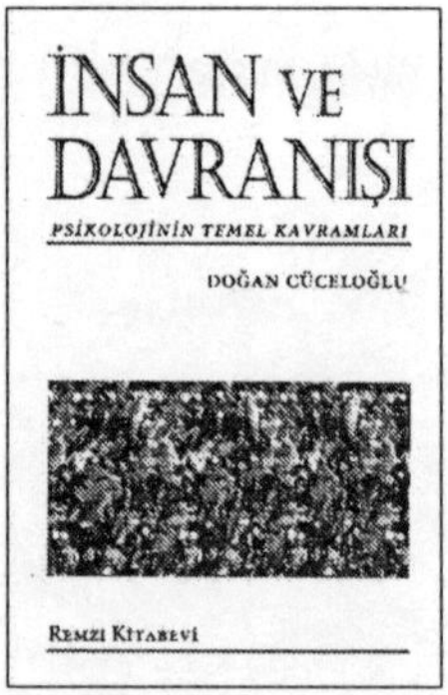

İnsan ve Davranışı

İnsan ve Davranışı, Türkiye'de psikoloji alanında büyük bir boşluğu doldurmuş ve uzun yıllardır öğrencilerin yararlandığı vazgeçilmez temel bir kaynak olmuştur.

Gerçek Özgürlük

Bu kitap, kişinin özgün bir yaşam kurmasının temellerinde yatan süreçleri inceliyor. Kitabın iki kahramanı arasındaki söyleşi, özgün yaşamın temelinde yatan boyutları aşama aşama sergiliyor.

Savaşçı

"Seni diğerlerinden farksız yapmaya bütün gücüyle gece gündüz çalışan bir dünyada, kendin olarak kalabilmek, dünyanın en zor savaşını vermek demektir. Bu savaş bir başladı mı, artık hiç bitmez!..." E. E. CUMMINGS

İnsan İnsana

Bu kitabı okuyanlar, çevrelerindeki "iletişim kazaları"nı görebilecek, kendini ve sevdiklerini bu "kaza"lardan koruyabilme olanağını bulacaklardır.

'Mış Gibi' Yetişkinler

Yetişkin çocuklar, bedenen gelişmiş ama duygusal olgunluğa erişememiş insanlardır. Bu kitap, aslında bildiğimiz, fakat üzerinde düşünme gereğini pek duymadığımız bir öyküyü anlatıyor. Bu öykünün kahramanlarını tanıdıkça, çocukluğunuzu, ailenizi, çevrenizdeki insanları ve en önemlisi de kendinizi daha iyi anlayacaksınız.

'Mış Gibi' Yaşamlar

Kimimizin körleşip fark etmediği, kimimizin kanıksayıp artık yadırgamadığı mış gibi bir yaşam sürdürüyoruz. Sanki kaderimiz olmuş, kuşaktan kuşağa sürüp gidiyor: Yaşıyormuş gibi görünüp de aslında yaşamamak... ve yaşamadığının farkında bile olmamak...